ちくま文庫

世界はフムフムで満ちている

達人観察図鑑

金井真紀

筑摩書房

世界はフムフムで満ちている

達人観察図鑑

文と絵　金井真紀

もくじ

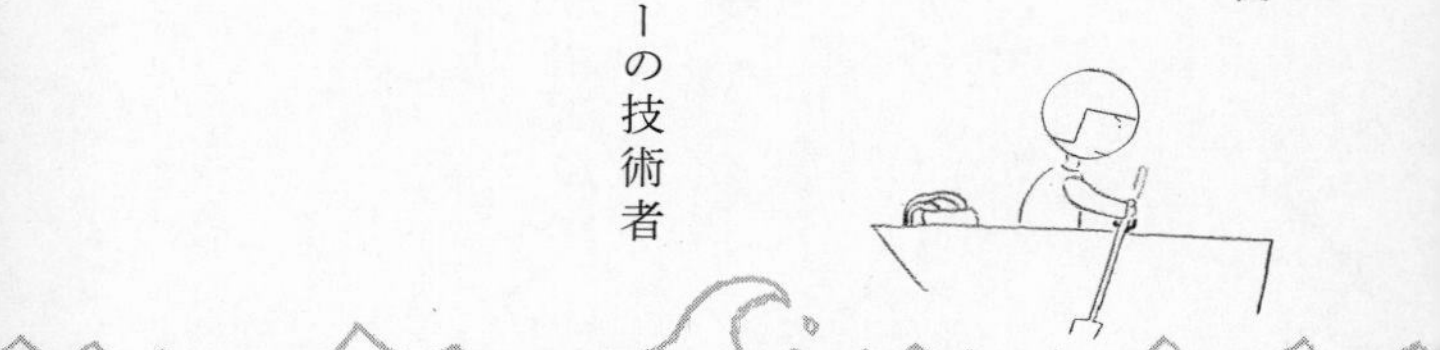

この世は思ったよりずっと広くて、にぎやかみたいだ。

海女

「ここで生まれたか、嫁いできたもん以外
海女にはなれんのよ」
もしよそ者が志願した場合、
仲間に入れるかどうかの話し合いが
数年にわたってもたれるという。

海のなかで互いの命を預け、預かる。
裸のつきあいは一生つづく。
そんな鉄の結束を誇る海女業界に
たったひとつ、秘密がある……。

みな、海のなかに自分の「たんす」をもっている。

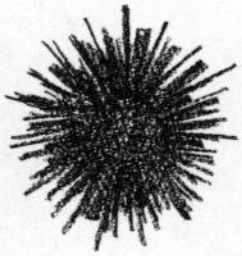

おれたち、たんす育ち。

仲間には教えない、自分だけの漁場。

獲物が少なかった日のしまいぎわ、

「このまま帰ったんでは赤字じゃな。

ちょっとたんすに行って
ヘソクリを引き出してくるわ」

と言って、仲間と別れて、ひとりでたんすへ向かう。

そして、アワビやウニを手に戻ってくる。

「たんすの場所は、お互い聞かんもんね」

「死ぬまで教えないの」

「ね」

「ね」

って、しゃがれた声で仲良く笑う海女さんたち。

石工

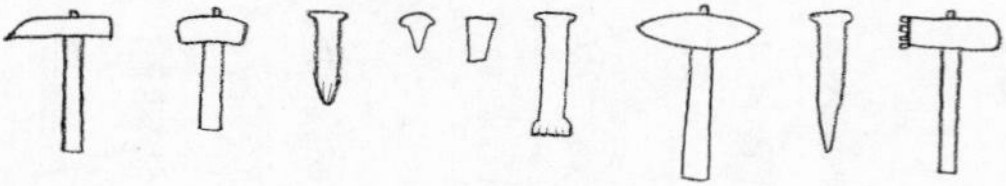

親指が太い。
人差し指も太い。
中指も薬指も、あぁ、小指まで。
手に視線を注いだまま、老石工《いしく》の話を聞く。

十五で石工の見習いになってな。
同級生はみんなきれいな服着て高校行っとるのに、
わしだけ石の粉まみれ、手はヒビで血だらけや。
建築現場では、石工がいちばん下に見られてな。
こさえるもんも、建物の土台とか玄関石とか、
みんなに踏まれるとこやしな。

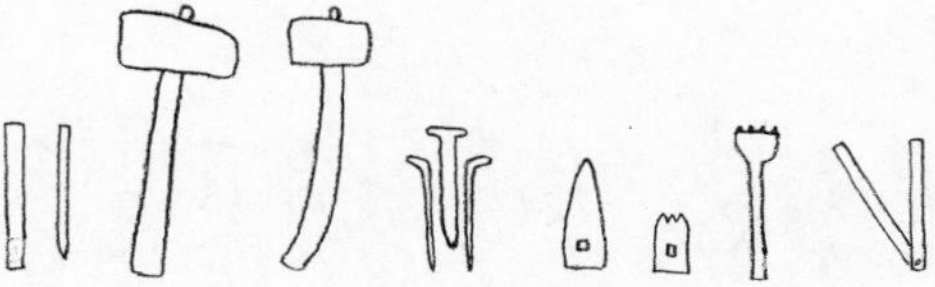

なんか、もう生きてんのいらんな、思て。
ひとりで大阪空港へ行ったんや。
窓口で「海外に行きたいんです」ってな。

その日から必死で小遣いを貯め、
十九歳でパリ、凱旋門の下に立った。

凱旋門こさえた石工の名前なんか残ってない。
でもその鑿《のみ》の跡を見ると、自慢しとるんがわしにはわかった。
わしがしたいんはこういう仕事じゃ、思た。

それから半世紀経て。
あぁ、石工の両の手の十指。太いなぁ。

インタビュアー

インタビューの達人にインタビューをした。
向こうは達人だから答え方も上手で、
たいへんいい雰囲気のうちに終了。
そのあとの雑談で
「こういう仕事をしているなら、
ひとつ、いいことを教えてあげましょう」
と彼が切り出した。

どんなに緊張する場面でも、
どんなに相手が意地悪でも、
首尾よくインタビューできる秘策があるという。
なぬ！

俄然、食いつくわたし。

「インタビューの前に自己暗示をかけるんです。
私はこれから会う○○さんが大好きだ、
目の前にいたら抱きつきたいくらいだ、
実際に抱きついちゃったらどうしよう……
って、本気で考える。
そうしてから相手に会うと、
インタビューはきっとうまくいきますよ」

以来、この秘策をお守りのように大事にしている。
取材相手に抱きついたことは、まだない。

ヴィオラ奏者

「どこのクラスにも、なんとなく華やかで、
自己主張が強いタイプっていますよね。
そういう子がヴァイオリンに向いてるんです。
うちの妹もヴァイオリンやってるけど、
まさにそのタイプだなー。ふふ」

自身も三歳からヴァイオリンを習ったが
途中でヴィオラに転向したのだという。

「ヴィオラはね、えーっと、受け止め役。
地味にみんなを調整するタイプ、ですね。
表立ってメロディを弾かないぶん、

妹のハンカチ

自分の持ち味が出せるオイシイ楽器で。ふふ」
国際コンクールで優勝した演奏家の頰は
ほんのり桜色。

「あ、知ってます？
ヴィオラの音の周波数は、人間の声に近いんですって。
だからヴィオラの音を聴くとホッとするみたい」
私はヴィオラとヴァイオリンの区別もおぼつかない。
でも、このほんわかと楽しそうにしゃべる彼女自身が
ヴィオラなんだということがなんとなくわかった。

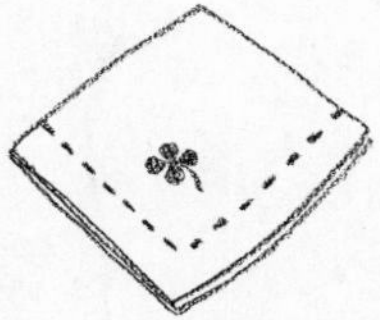

姉のハンカチ

牛飼い

「酪農って、頭使うんだよー」

とは、脱サラして牛飼いになった人の言。

「牛って、みんなぜんぜん性格が違うの」

「おぅ！　おはよう！」と大声で呼びかけて
牛に「あ、いつもの兄ちゃん来たな」
と理解させてから搾り始めるほうがいいタイプ。

さりげなーく近づき、さりげなーく搾乳機を装着し
「あれ、気づいたら乳搾られとった……」
スリのようにミルクをかすめとるのがいいタイプ。

ケツをどすんと叩いて
「イテテ、わかったよ〜、言うこと聞くよ〜」
と暴れる隙を与えずに搾るとうまくいくタイプ。

一〇〇頭の牛の性格を二週間でおぼえた。
そして、それぞれに合った搾乳をした。
「ま、考えてみれば、サラリーマン時代に
人に頼みごとするときと同じだね」

占い師

八曜日占い／ミャンマー

運命の人……。
とはいつ出会えるのか？
あの人がそうなのか？
と思ったけどやっぱり違うのか？
くる日もくる日も恋の事情を受け止めて
タロットのお告げに耳をすます占い師。
「それが運命の人かどうか、わかるんですか」
と聞いてみた。

文鳥占い／台湾

「フフフ、私にはわかりません。
ほんとうに気が合うかどうかは
四時間しゃべってみないとわからない、
というのが個人的な結論です」
四時間というリアルな数字の前に、
「運命」の二文字は煙のごとく消えていった。

映画の背景画家

「マジックアワーの空を描いてくれ」

という三谷幸喜の注文は、
それでもマシなほうだった。

「これから殺人事件が起こる、
という空を描いてくれ」

市川崑はそう言った。

「夢のなかみたいな夕焼けを描いてくれ」

と、これは黒澤明。

映画セットの背景の大きなスクリーンに
エアブラシと絵筆であらゆる種類の空を描く仕事。
「映画監督って変なこと言うから、ほんと困るねぇ。

でも困るほうが燃えるってこともあってねぇ」

と老職人は笑う。


「これから殺人事件が起こる空って、どう描いたんですか」

「写真、見るかい?」

そこに写っていたのは、黒雲が乱れ飛び、
いまにも大粒の雨が落ちてきそうな……

あぁ、まさに風雲急を告げる空。

巨匠・市川崑は
「うん、これだ」

と満足げにうなずいたという。

映画評論家

明るい色の口紅を引いた口が
笑うと気持ちいいほど大きくなる。
真顔に戻っても、口の端に笑顔の余韻。
映画評論家の取材は
終始のびやかな雰囲気で進んでいった。
この人と友だちになって
メキシコ料理かなんかを食べに行ったら
楽しいだろうなぁ。

そのとき彼女はピンクのサンダルを履いていて
同行していたカメラマンが
「かわいい靴ですね」と褒めた。

すると彼女は間髪入れず
「そうなの。わたしの靴、ぜんぶかわいいの」
と言いきった。

あぁ、ものすごくいいな、と思った。
わたしもそんなふうに言ってみたい。
安かったからとか無難だからという理由で
靴を買うのはぜったいにやめようと誓う。

大人になったらこういう靴で
颯爽と…というプランは
いったいどこへ行ったのか。

映画プロデューサー

「脚本をつくって、スタッフや役者を決めて、
ロケ地を探して、撮影では必ずトラブルが起こって、
監督と喧嘩しながら編集して……。

映画を一本つくるのは、子どもを育てるようなものね」

と彼女は言った。

「わたしは子どもがいないから想像だけど、ね」

公開初日、ひとり映画館をハシゴする。

客の入り、男女比、年齢層などを自分の目で確認したい。

「なによりも、観終わった人の第一声が聞きたいの」

あぁ、育てあげた子どものデビューを見守る親心なんだなぁ。

……と思ったら、ぜんぜん違った。
「観終わってすぐ内容を話したくなるのか、
それとも黙って余韻に浸りたい映画なのか。
もし後者だったら、
クチコミに時間がかかると踏んで
すぐに対策を練らないといけないからね」
プロデューサーには、
公開後にもまだまだ仕事が残っている。
感慨にふけっている暇はないのだった。

オリンピック選手

「スポーツをやっていていいのは、二度死ぬこと」

と青年は言った。


競技人生が終わるときが一度目の死。

そのあと始まる二度目の人生は、

「一度死を経験した者として生きられると思う」

ロンドン五輪では燃え尽きず
次のオリンピックを目指すことをすぐに表明した。
「四年後に、死にます」

お笑い芸人

売れない頃、売れない若手ばかり集まって
毎晩のように安い酒を飲んでいた。
夢を語り合い、先輩の芸をこき下ろし。
「悪くない、楽しい酒だった」と言う。

でも、あるとき気づいた。
これは、モテないやつが
モテないどうしでつるんでいる現象と同じだぞ。
モテないやつは、
モテるやつと一緒にいない限り
永遠にモテないぞ、と。

そのときから彼は、若手の飲み会に参加するのをやめた。
時間が空いたら先輩の仕事を見に行き、本を読んだ。
そして、同期の誰よりも売れっ子に。

「仲間は大事だ。
それもほんと。
でも。
大人になったら、
抜け駆けしてもいいんだよナ」

音声

監督とカメラマンが縦横無尽に暴れ回るなか、
音声さんはいつも後ろに控えて
黙々と自分の仕事をする。

森に響くオオカミの遠吠え。
バオバブの幹を流れる水の音。
恥ずかしそうに歌う少女の声。
世界中の音を、落ち着いて確実に録音してきた。

いちばん難しい注文は「風の音」だという。
「何かを揺らしたり、どこかを通り抜けるときに
音がするのであって、風自体には音がないから」

ほほう。
ということは、あのピューとかゴーという声は
いったい誰が出しているのだろう。
わたしはしばし、耳をすます。
その間、音声さんも、黙って同じ姿勢でいる。

絵画修復師

静寂のアトリエ。
ひとり、イーゼルに立てかけた絵と向き合う。
手には筆。
「そのとき、個性を殺すの。
描くって意識を
もたないように気をつけるの。
ボクは絵の作者ではないから」
あくまで汚れをとる、欠損部を補う、
というつもりで筆を入れていく。

TARO

同じことを繰り返すくらいなら、
死んでしまえ。

個性を殺すという鍛錬。
その先にあるのは――
「とうの昔に死んだ作者と会えちゃうの。
あぁ、これは
戦意高揚のために描かされた絵で
ほんとは描きたくなかったんだね、とか。
この線が決まったときは
うれしかっただろうね、とか。
なんだかいろいろ話してますよ、いつも」

PICASSO
明日描く絵が
一番すばらしい。

画商

煙草の箱をトントンと叩いて一本取り出す。

「名画って言われてる絵の、何割がホンモノなんだろうねぇ」

マッチを擦って、炎を掌で囲うようにして、

「贋作《がんさく》と知ってて取引したら犯罪だけど」

くわえ煙草の口で、ことさら不明瞭に言う。

「自分も騙された場合は、仕方がないもんねぇ」

いいなぁ、画商。

この怪しい雰囲気。

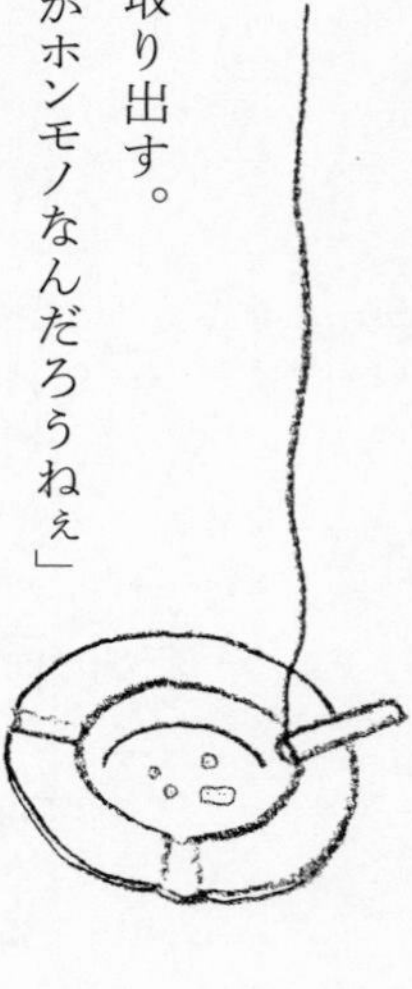

煙をすぱぁっと吐いて、
「あのねぇ、僕らが『いいんじゃないですか』って言ったら、
そーゆー意味だからね」

絵を鑑定して、ホンモノだったら
「これはまちがいないですね」と言うらしい。
そうじゃないときは
「いいんじゃないですか」って言うらしい。

家に帰ってシャツを脱ぐと、ほんのり煙草の香。
今日聞いた話自体が、贋作だったりして。

歌人

女流歌人は言った。
「歌人の条件はまず、ナルシストであること。
そうして同時に、嘆き人であること。
その両方がないと歌は詠めない。
ほら、晶子なんかもそうでしょう」

いるよねぇ、そういう人。
自分が大好きで、やたらセンチメンタルで。
与謝野晶子がクラスメイトだったら、
まぶしく目立つ存在なんだろうなぁ。
でも、友だちになると
ちょっと面倒くさそうだなぁ。

まぁしかし、きっとたぶん。
人は誰もがナルシストで嘆き人の要素を
もっているのだろう。
だからピアニストや彫刻家や
歌人の生み出すものに
心が揺れるんだろうなぁ。

かつら師

畳敷きの作業場に、父と息子。
時代劇のかつらをつくっている。
息子は一日中、あれやこれや威勢よくしゃべり
父のほうはあまり、いやほとんど、しゃべらない。

かつらのことを教えてほしいと頼むと、
親子は一瞬、顔を見合わせ、
といって特に言葉を交わすわけでもなく。
そのまま息子のほうが立ってきて、
作業場の入り口に山と積まれたかつらたちを
紹介してくれた。

「これがお武家さま、
それはお医者さんとか寺子屋のお師匠さん、
あの辺はお姫さま、娘さん、太夫さん……」
敬称をつけて呼ぶ口ぶりに、ほっこりする。

「額のカーブがくっきりしていると厳しい女、
ゆるやかだと優しい性格の女です」
「あぁ、時代劇の女の人は
額の形を見れば性格がわかるんですね」
「うん、実際は知らないけどな。
女を見る目は父ちゃんのほうがあるから」
父、うつむいて作業しながら、目尻が笑っている。

空手家

空手家の父をもち、道場で育った。
強くなれと言われ、強くなりたいとまっすぐに。
手の甲の皮膚が骨に貼り付くほどの激しい稽古を経て、
日本一を狙えるところまでくる。

だが。
敵は自分のなかにいた。
ここ一番で、緊張しすぎる。
負けてはいけない試合ほど硬くなって、負ける。
いくら稽古を積んでもその壁が突破できず
十代が過ぎ、二十代が過ぎた。

でも最後の最後、ついに秘策を見いだす。

「ガチガチに緊張するイメージトレーニング、です」

「え？」

「稽古のとき、自己暗示をかけるんです。

あぁ、俺、ダメだ！

緊張しちゃってぜんぜん体が動かない！って」

日頃から緊張するシミュレーションをしておけば、
いざ大事な試合で硬くなっても慌てない。

ダメなイメージトレーニング。

ううむ、その手があったか！

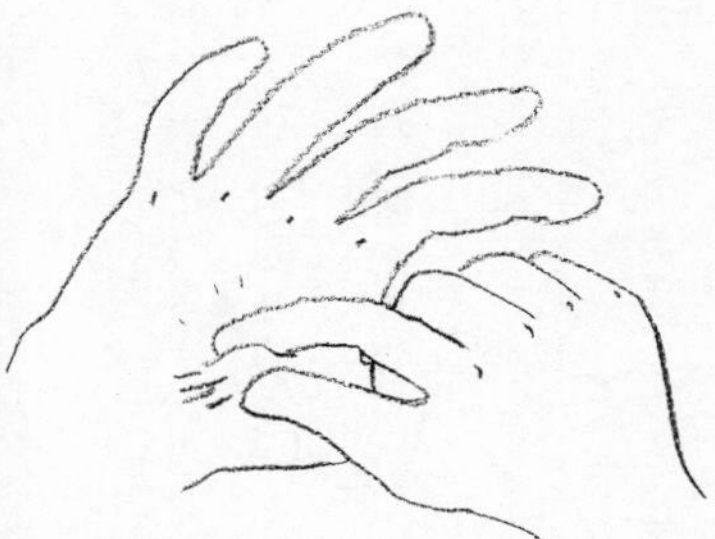

木こり

斜面を転がったり、チェーンソーで腕を切ったり
わが国の労災発生率は
林業従事者がもっとも高いらしい。
「俺、肉体労働けっこういろいろやってきたけど
林業はハンパねえっす」
三十代で山に転職した男は言った。
「最初の一週間、
昼の弁当が半分も食えねえの。
午前中だけで疲れすぎちゃって」
丈夫な体だけが自慢なのに

まったく使い物にならないことに愕然とした。
つれぇ、情けねぇ、やめてぇ、と毎日思った。
「でも俺、無能すぎたから
逆にやめられなかった」

無能すぎるんだけど、
自分しか気づかないレベルなんだけど、
翌週になるとちょっとだけマシになってる。
その翌週はまたすこし進化してる。

数年後、一人前の木こりになっていた。
自分しか気づかないちょっぴりの進化。
あぁ、結局、それなんだなぁ。

いや、俺のは
チェーンソーっす。

気象予報士

取材の終盤、彼がテーブルに広げた
古く美しいファイルに目が釘づけになった。
小学生の頃に描いたという架空の予想天気図。
気圧配置を想像して天気図をつくり、
そこから予想雨量まで算出していたという。
しかも毎日。

「まさに三つ子の魂百まで。
いやぁ、おもしろい人がいるもんですね」
帰り道、一緒に取材したディレクターに話しかけると……
「俺は子どもの頃、映画が好きだったから
架空の映画館の館主をしていて、

毎日、上映作品と観客数をノートにつけていたよ」

という話を、乗り物雑誌の記者をしていた友人に話したら

「ボクは小学生の頃、架空の時刻表をつくってた。

青森から鹿児島までノンストップで特急を走らせてね……」

架空の国で遊んだ人はみな機嫌がいい。

"元映画館主"のディレクターが取材で使うのは カセットテープ!!

キャディー
どんな一流プレイヤーでも、迷うときあんだよね。
当然、俺たちキャディーに意見を求めてくるわけ。

そんとき
「俺はこう思います」
と言っちゃあ、だめ。
かといって
「あの選手はこうしている」
なんてのはもっとまずいわけ。
プロはみんなプライドあっから。

そんでね、俺、すんげえいい方法を思いついたのよ。

「調子がいいときのあなただったら、こうするでしょうね」

って言うの。

どう、これ。いいっしょ。


プロゴルファーとキャディーは夫婦みたいなもん。

言い方ですよ、けっきょくはね。

調子がいいときのあなただったら、
カツをトッピングしているでしょうね。

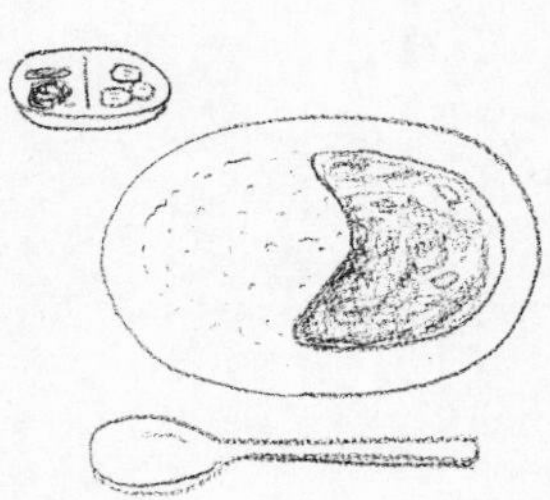

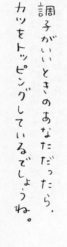

緊縛師

指定されたのは、渋谷の雑居ビルの一室だった。
靴を脱ぎ、布で仕切られたスペースに通され、
絨毯にじかに座る。薄暗い照明。
よよよ、いったい何が始まるのか。

そこへ、師が登場した。
六十がらみ、痩せて、地味なシャツ。
おだやかな表情で、丁寧に説明してくれた。
聞けば、緊縛は愛に満ちた世界なのだった。
他人に一糸まとわぬ姿をさらし、縛り上げられることで
日々、武装して世間と向き合っている心は解放される。

師の緊縛はいつも、縄を解いたあとでやさしく抱きしめて
「よく頑張ったね」と声をかけて終わるのだという。
すると縛られた人は、
「あぁ、頑張っている自分を抱きしめてくれる人がいる」の
という感慨に、涙があふれてしまうのだという。

こつこつとお金をためて年に一度上京し
この薄暗い部屋で師に縛ってもらうことで
残り三百六十四日のつらさを
乗り越えている人もいる。
世界にはたくさんの神様がいて、
いろんな形の救いがあるのだ。

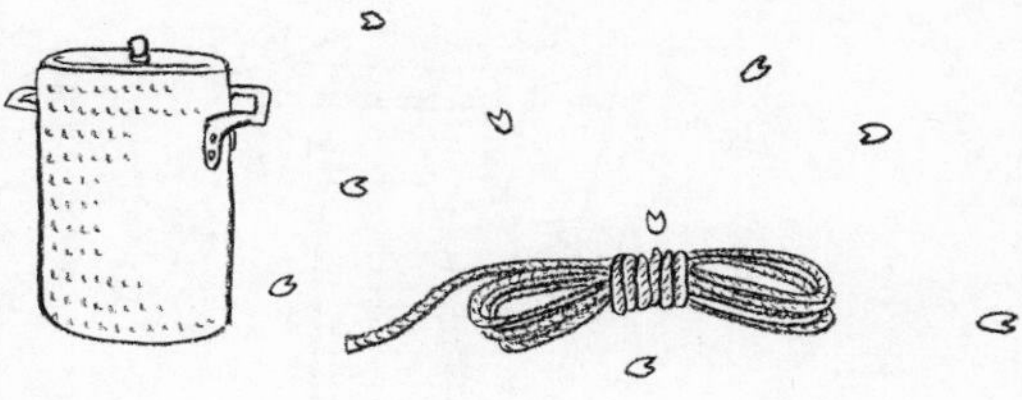

靴磨き

木枯らしの朝も、風のない熱帯夜も
ひたすら駅前の一角に座り続ける「名人」。
彼の前には、いつもサラリーマンの行列ができている。

俺さ、ずっと工事現場の作業員してたのさ。
その頃から、安全靴を長持ちさせようと思って

特製の靴クリームには食品が混ぜられているとも、化粧品が入っているとも噂される。

暇さえあれば機械油で磨いたりして。
靴磨きの素質あったのさ、ハハハ。
四十過ぎて、いろいろあって、無職になって、
公園で寝てたら靴磨きの師匠に誘われてさ。

最初はお客さんぜんぜん来なくて、暇で暇でさ。
でもその間に磨き方とかクリームとか研究しまくった。
結局「暇なときにどうするか」なんだよな。

なーんて、偉そうなこと言っちゃった。
照れくさそうに頭をかく、靴墨が染み込んだ右手人差し指。

グルメライター

最初にその人に会ったとき、
グルメとはまったく関係ない仕事をしていた。
年間五〇〇軒、外食する（うち一〇〇軒は新規開拓）。
味のポイントを手帳にメモる。
という「あくまでも趣味」を続けているうちに
いつしか膨大なデータベースができた。
友人知人に
「インドカレーならどこがいい？」
「中央線沿線でおすすめの寿司屋を教えて」
などと聞かれることが増え、
その名は料理雑誌や料理番組のスタッフにまで

知られるようになる。
それで、会社をやめてグルメライターに。
「自分でも信じられなかったよ。
そんなつもりでやってなかったから」

でも、わたし、憶えていますぞ。
まだ前職に就いていた頃にお聞きした話。
高校時代、銀座の喫茶店や甘味屋を食べ歩き
デートマップをつくってクラスメイトに配ったって。
たどりついた場所は、最初の一歩とちゃんと繋がっている。

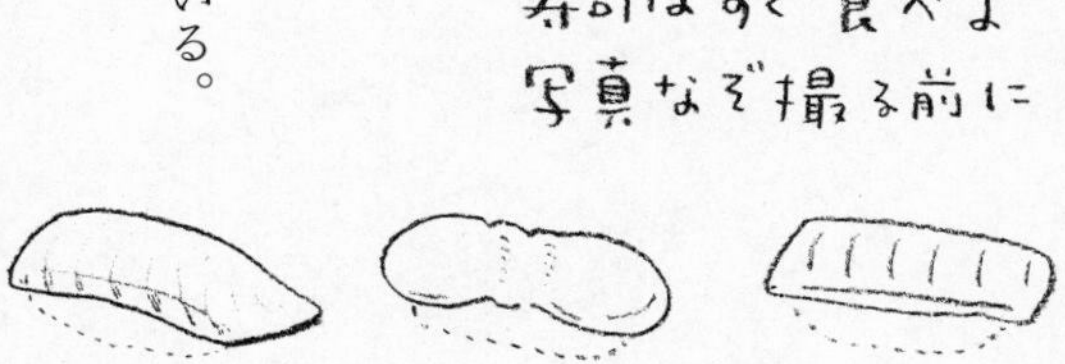

刑事ドラマの小道具

ドラマで使う警察手帳、拳銃、警棒などは
もちろんニセモノだが、
本物そっくりにつくってあるので
所轄の警察署に申請する必要がある。
「なくしたら大問題になる」ため、
小道具さんには厳重な管理が求められる。

「毎日、数を数えて、帳面につけて。
ま、細かい仕事、嫌いじゃないんですけどね」
細かいと言えば、気になることもいちいち細かい。
パトカーの「神奈川県警」の書体はなにか?

腰の警棒はどの角度がいちばん自然か？

巡査は胸ポケットにペンを挿しているか？

「道にパトカーが止まっていたら、近づいて行ってガン見しますよ。おまわりさんが歩いてたら、後をつけます」

フフフ、熱心すぎて、むしろ不審者。

刑事ドラマの見すぎ

毛糸屋

まったくへそ曲がりなオヤジであった。
太さが均一でない毛糸は不良品だとされていた時代に、
あえて太さがまちまちの毛糸をつくる。
ファッション界でモノトーンが流行ったら、
わざと真っ赤な毛糸を売り出す。
「人のゆく裏に道あり花の山、さ」
いつしか田舎の毛糸工場は
世界の有名ブランドと取引するように。

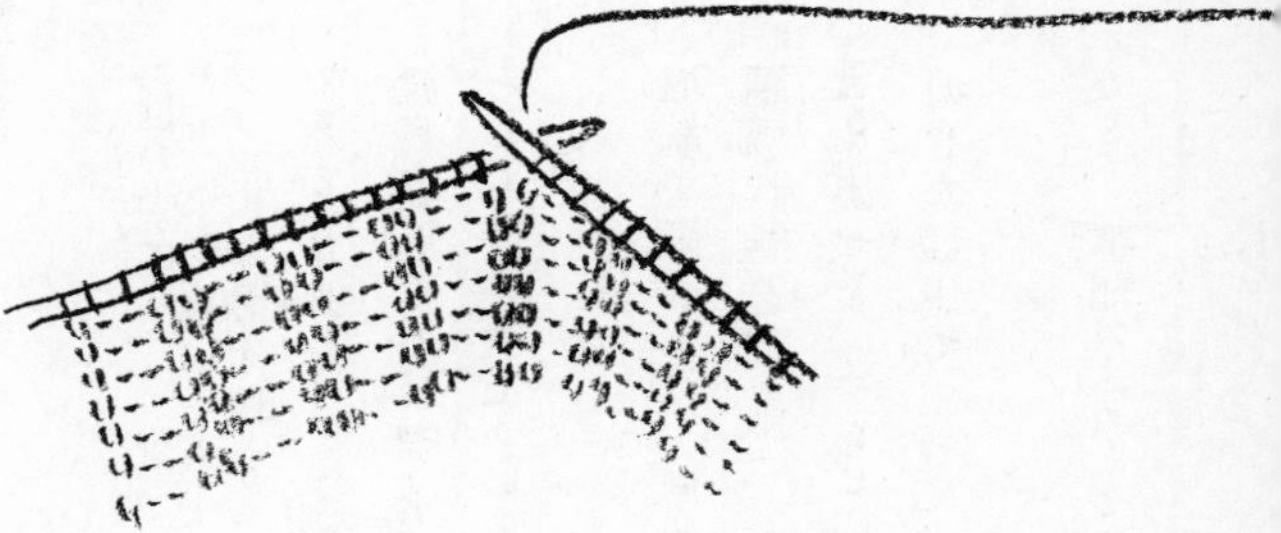

「経営が追いつめられるだろ。
そういうとき、ここぞとばかりに
リスクが高いことをやるのさ」
「なんでですか?」
「俺の本能さ」
本能って言われても。
「だいたい、あんた、俺の話を聞いてどうするの。
あのね、他人の成功談なんてクソの種だよ」
そう言いながら、笑っている。
こっちも笑って、四時間くらいかけて
クソの種を拾いまくる。

競馬評論家

「世の中に、
ファンにお金を使わせる仕事はたくさんあるけど、
ファンに実害を与える商売はボクらくらいじゃないかなぁ」
競馬場近くの純喫茶、
その人は焦げたブレンドコーヒーをまずそうにすすった。

血統を調べ上げ、馬体の仕上がりを確認し、
馬場状態を読んで、新聞に◎や▲や×をつける。
本も出せる。テレビにも出られる。ファンもつく。
好きな競馬で生きていける境遇を、羨ましがる向きもあろう。

でも、誰知ろう、その葛藤を。

「お前の予想を信じる」
と言われるほどに、つらさが募る。
「もちろん当たる予想をしたいけど……
そこを目指すと、自分も、信じてくれる人も
みんながどんどん苦しくなっちゃう。
だからね、はずれても納得してもらえる予想。
結果ははずれたけど、
おもしろい切り口だった、という予想。
ボクはもう、そこを目指すしかないと思ってる……」
話しながら、最後は自分に言い聞かせている。
コーヒーカップが、カチャリと音をたてる。

← 競馬場で耳にする奇妙な声援
そのまま!
そのまま!!

工事現場監督

大きな橋やトンネルの工事となれば
そりゃあもう、手だれの職人たちが集まってくるさ。
鳶《とび》、左官、鉄骨屋、配管工……。
ひと癖もふた癖もあるやつばっか。

あのね、表立って反抗してくる職人はまだいいの。
いちばんの難敵は、「ここはこうしてくれ」と指示を出すと
「わかりましたー」と言うくせに、やらないやつ。
(聞いているこっちまでムカついてくる)

ムカつくだろ?
舐めてるよな?

そういうとき、力ずくで言うこと聞かせようとしちゃあダメ。
大事なのは喧嘩に勝つことじゃなくて
安全で手抜かりのない工事をしてもらうことなんだから。
あのね、どんなやつにも、
ぜったいに反論できない先輩や仲間が必ずいるの。
その人を見つけて「あんたから言っといてよ」と頼むのさ。

舐められたあと、どうすっか。
それが腕の見せどころ。
（あぁ。舐めんなよってすぐ熱くなる自分を深く深く反省）

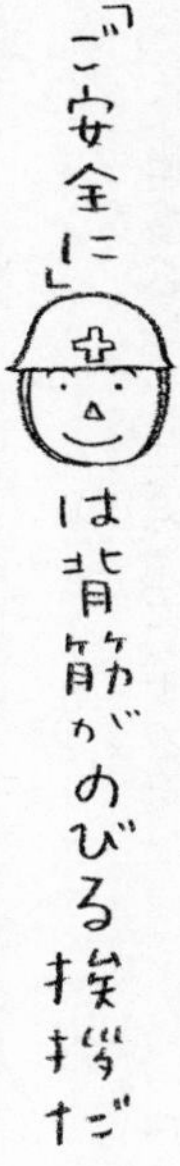

国語辞書編纂者

喫茶店で待ち合わせ、挨拶をし、紅茶を注文する。
そのたった二分間の会話で、あぁ、と思う。
あぁ、言葉の選び方、扱い方がなんて丁寧なんだ。

若い頃から言葉に敏感だった。
「独壇場《どくだんじょう》という言葉、
元は独擅場《どくせんじょう》でした。
ですから私は、頑なに独擅《せん》場を使っていました。
人が独壇《だん》場と言ったら、それは違うよ、
と指摘したこともあったかもしれません」

夢が叶って辞書編纂の仕事を得た。

街で、あるいはテレビや雑誌から、
辞書に載っていない使用例を見つけては記録する。
「これやばくね？」「ダメっぽい」「普通にうまい」……

「何万もの言葉を拾い集めて気づいたのは、
まちがっている言葉なんてないということです」
一瞬、はにかむ。
「どの言葉も望まれて生まれてきた。
だから言葉を差別してはいけないんです」
はー、なんだろう、このジーンとくる感じ。
みんな望まれて生まれてきた。
だから差別してはいけない、か。

いっぱい 「一杯」（名）①すこしの酒（を飲むこと）。「―やる・―（飲み）屋」②⇩杯（ハイ）（接尾）。「―の酒を勧（スス）める」

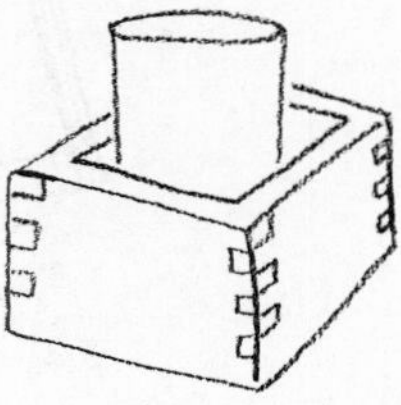

古書店主

古書店には濃い空気が漂っている。
ダダイストの本。
ロシアアバンギャルドのポスター集。
南満洲鉄道の絵はがき。
戦前のマッチのラベル。
すべて、あるじのセンスで選ばれた品々だ。

だが、あるじは自分の仕事をこう説明するのだった。
「私の仕事は、ものの延命措置です。
ゴミになるか商品になるかギリギリの中古品を
拾ってきて、誰かに売る。
買ってもらえれば、とりあえず延命できる……」
なるほど、この濃い空気は。
いずれ死ぬ運命であることを
よくよく理解したものたちが発しているのか。

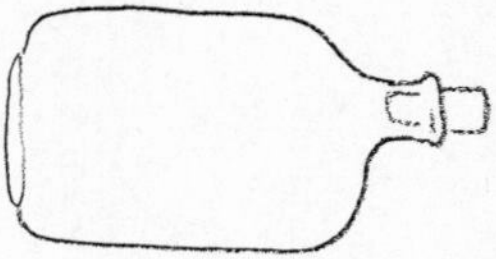

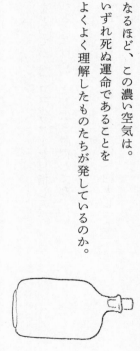

ゴルフ選手

ずいぶん年をとってからプロゴルファーを目指した。
「嫁はん呆れとったけど、ようよう説得してな、
一回だけならプロ試験を受けてもいいってなって。
よっしゃ、それで駄目なら諦めるって俺、約束してん」
その大事なプロ試験で、ボールが消えた。
カラスの仕業かもしれない。
ともかく、それで不合格。
「あり得んやろ、そんなこと。
でもそんとき俺、これはついてる、と思てん。
こんなにアンラッキーなことがあったんだから、
次は必ずラッキーが起こるってな」

ありえないアンラッキーが起きたとき
そんなふうに考えられる人がいるんだなぁ。
二度目の挑戦で結果を出したのもえらいけど
「頼む、もう一回だけ」を許した嫁はんも、えらい。

お宝対決

コンビニエンスストアの店長

あくまで確率の問題だが、
生徒会長や運動部主将の経験者にはおもしろい人が多い。
そして、元暴走族のリーダーにハズレなし。
この人は後者の代表格。

数年に一度、会う。
童顔をほころばせて、
「お久しぶりです」
とちょっと深めのお辞儀。
その一連の仕草がすでに、
肝が据わっている男のそれ、なのだった。

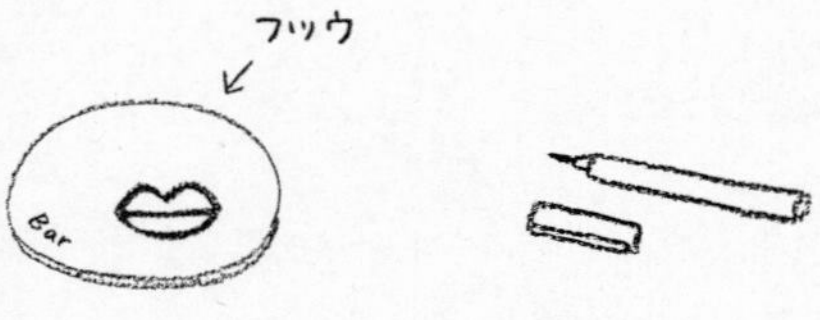

食事をし、二軒目はお酒。

そのあいだずっと話は縦横無尽、抱腹絶倒。

「バイトの面接をするとき、どこを見るんですか」

「くちびるです」

「くちびる……」

「くちびるの角度を見れば、
人の話を聞くやつか聞かないやつかわかります。

人の話を聞かないやつは、くちびるの角度がこう……

あの、ペン、もってます?」

大きな体をかがめて、コースターに
一生懸命くちびるの絵を描く店長。
うふふ、半端なところがひとつもないなぁ。

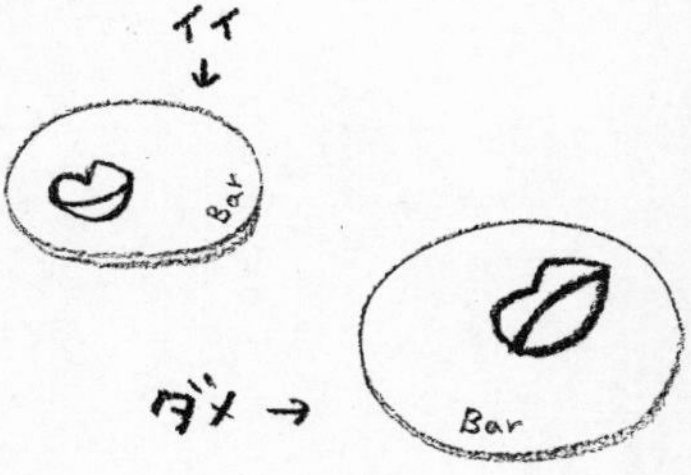

左官

左官職人とお好み焼きを食べにいく。
「生ビール、豚玉と焼きそば、マヨネーズ別盛りで」
迷うことなく、王道のオーダー。
職人は、メシ選びに時間をかけない生き物である。
熱くなった鉄板に油を垂らし、ヘラで広げる……
ハッ！
そ、そのヘラさばき！
大胆にして、繊細。
毎日、鏝《こて》を握って

壁を平らに撫でている人にだけできる
乱れを知らない、うつくしい所作。
サラダ油は、すーっと均等に鉄板に広がっていく。
むぅ、職人技は細部に宿る。

きさらぎの 歯の青のりが 気になりぬ

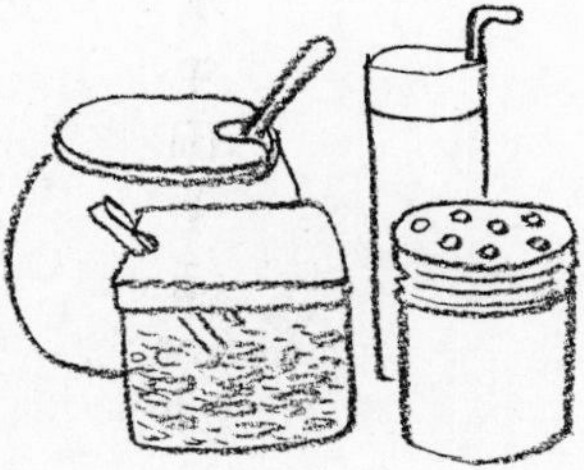

CG制作者

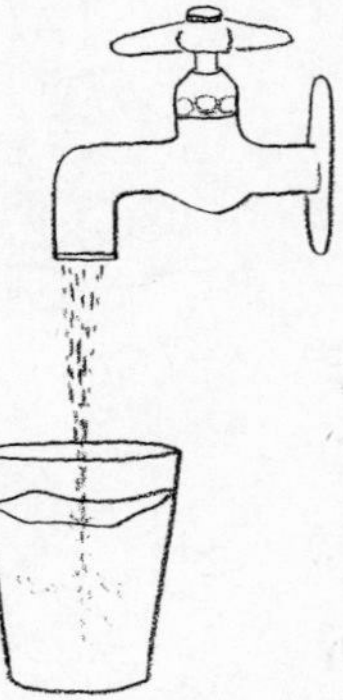

酔いざめの水千両と値が決まり

山道を疾走する自動車。
反射光を宿す口紅。
チョコレートの箱。
お茶のペットボトル。

いま、コマーシャル映像で見る商品のほとんどは
コンピュータグラフィックス（CG）だ。

達人は、窓のない部屋で何日も作業に没頭する。
「CGで描くのに苦労するのは
水、炎、それから煙ですね」
融通無碍《ゆうずうむげ》なるものとの静かな対峙。

「ぼくらが言われてはいけないのは……
『これCGっぽいね』という言葉です」
CGに見えないよう、徹夜でCGをつくる。
なんだか悟りのような世界なのだった。

社長秘書

「すごい秘書がいるから
会ってみないか」と言われた。
が、お会いしても、
どこがすごいのかすぐにはわからない。
二時間以上、日常を根掘り葉掘り聞く。
「明日、急な大阪出張だ」
と社長が言い出したとき、

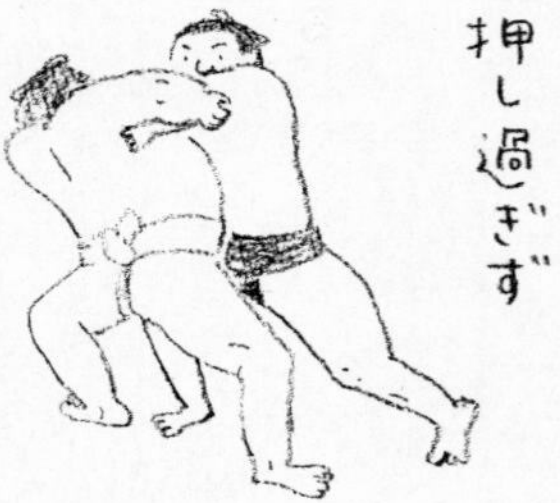

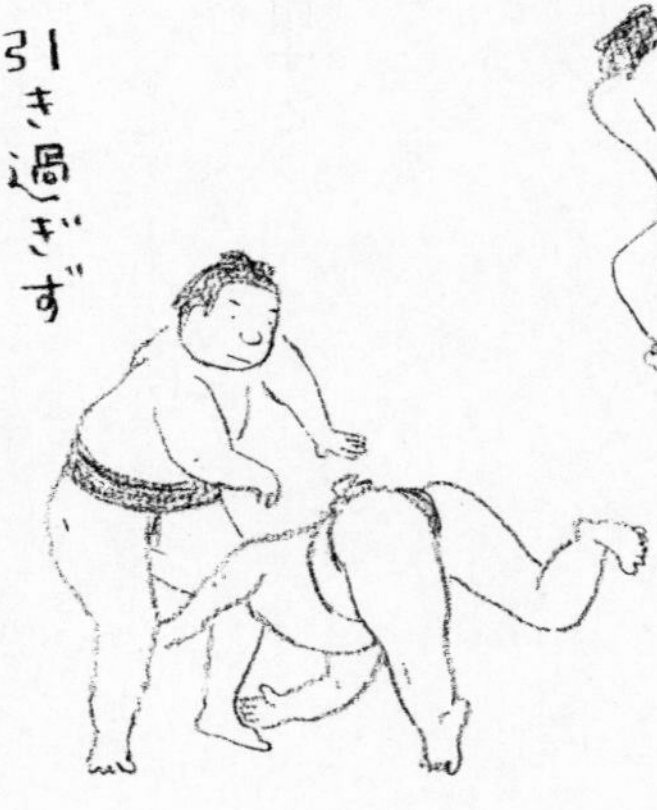

「どうしましょうか？」

という質問型はいけません。

だからといって
「新幹線、予約しておきました」

という報告型もダメで、

「新幹線のチケットを買いましょうか」

という提案型がいいんです。


押し過ぎず、引き過ぎず。

その絶妙の積み重ね。

秘書のすごさはつまり、「さりげなさ」なのだ。

ふうむ、すごさがわかりにくい、そのすごさ。

車輛

京都駅にロケ車を転がしてきたのは
小柄でチョビひげのおっちゃんだった。

自然農法を実践している畑の撮影。
車を走らせていると急に雨が降り出した。
みんなで「あちゃちゃ」と言いながらも、
予定どおり撮影しようということに決まる。

その会話を聞いていた車輛さん、なにしたと思う？

通りすがりのホームセンターにサッと車をつけた。

「長靴買いまっか」

おぉ、グッドアイデア。

雨の畑で、靴の汚れを気にしていたら仕事にならぬ。

スタッフ全員の足のサイズを聞いて
ディレクターとわたしが長靴を買い込んでいると、
車輛さんも車から降りてきた。
店の人に向かって、なんて言ったと思う？
「段ボール箱ないでっか」
撮影後、長靴をまとめて東京に送り返せるように、
空き箱を調達しているのだった。

やるなぁ！
先を読みまくるチョビひげの横顔が、神々しい。

獣医

幕の内弁当は、
好きなおかずから箸をつけるか、
好きなものを最後に残しておくか。
それが問題だ。

動物園のゾウは、鼻先で牧草を選り分けて
味の濃い、おいしい部分から食べ始めた。
結局は全部たいらげるわけだから
これは完全に「最初のひとくちは好きなおかず派」の行動。
やっぱりナ、好きなものを後に残しておくなんて
いじましい知恵は人間だけがもっているんだナ。

と思っていたら。
獣医さんは笑って言った。
「好きな部分を後に残しておくゾウもおるよ。
人間と一緒、いろんなやつがおるの」
そうか、ゾウにもいじましいやつがいるのか。

崎陽軒のシウマイ弁当における
「あんずはいつ食べるか」問題

出版社の社長

私鉄沿線、木造の一軒家、小鳥のさえずり。
ぜんぜん出版社っぽくないその場所で、
青年社長ははにかんで言った。
「決めてることは、いっこだけ。
それっぽいことをしないってことです」

こんな時代に出版社を立ち上げた。
既存のうまさを真似するなら、新興の意味がない。
下手でもいいから怖がらないでゆく、と決めた。
あれから五年、次々に特徴ある本をつくり
ちゃんと会社もまわっている。

人間とは、それっぽいことをしたくなる生き物。
ましてつまらないオトナは。
それっぽいことをしない、かぁ……

怖がらずにゆくじょ。

出版プロデューサー

この人が手がけた本はなぜか売れる。
それも多くの場合、まったく無名の著者の本。

手順はこうだ。
①「これは!」というおもしろい人を発見する。
②その人に原稿を書かせ、出版社に売り込みにいく。
③断られても売り込み続ける。「これは!」の直感を信じて。

「これは!　という人は……
千人に三人くらいの割合でいます」

うーむ、コンマ三パーセントの確率か。

千人に会ってみるしかないんだろうな。

と、わたしの心の内を見透かしたのか、
ヒントをひとこと付け加えてくれた。

「その三人は、まばらにいるわけではない」

おもしろい人は、固まって存在している。
なるほど、世界はそういうつくりになっているのか。

千個食べてみる必要はない

循環器科医

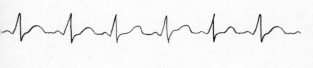

「俺、不整脈が好きだっけ」

どのくらい好きかというと
「二十四時間心電図が測れる機械を七台持ってる」

とうれしそうに笑う。

ギターの数を自慢するキース・リチャーズか。

心臓を動かす電流のグラフを
隅から隅まで舐めるように読み解くのだという。
まるで古文書を解析するように。

「エコー検査で得られるデジタルな情報は、
ま、見たまんまなんだけど

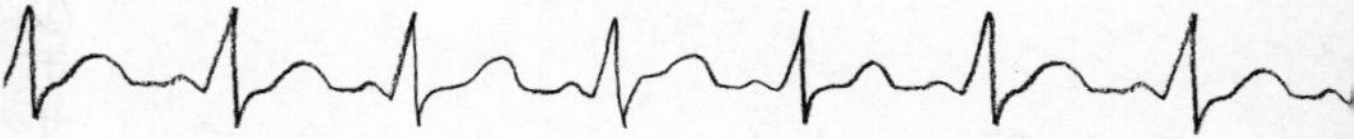

心電図はアナログな波だから
読めば読むほど、いろいろ見えてくる。
アナログのほうが情報が深くてすげえんだ」

エレキよりアコギがすごいってこと？
いや、ちょっとちがうけど、
それに俺はキースよりクラプトンが好きだけど、
とまれ、筋肉と電流の話はつづく。

「少なくとも岩手県では、
俺がいちばん心電図を読んでるっけ」
「っけ」は岩手の方言の由。

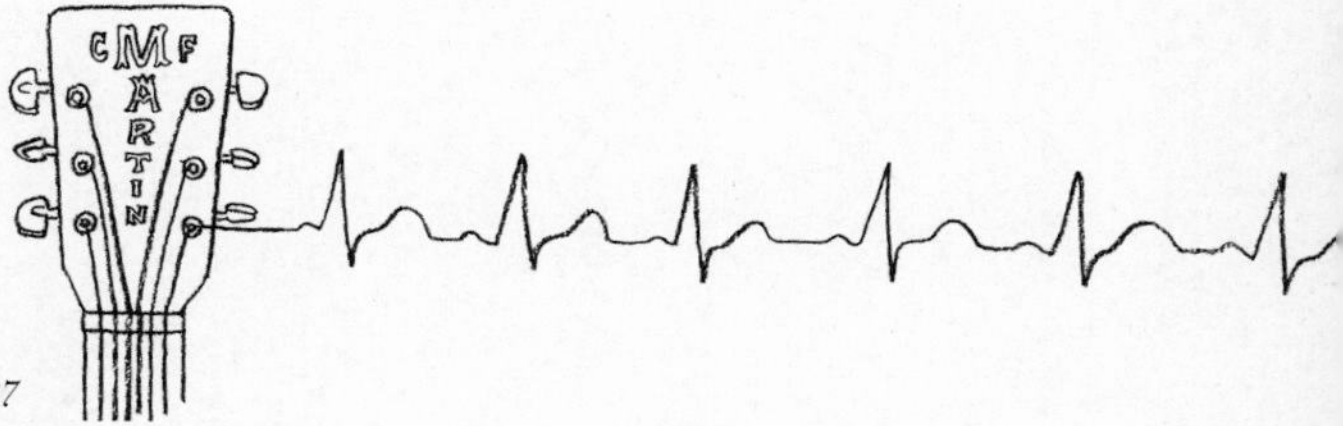

少年サッカーの監督

プロを目指す精鋭小学生のチームは、
念願の全国優勝を果たした。
「そりゃあ、うれしかった」
と言う監督の顔はしかし、苦い。

なんとその後、チームは崩壊寸前になる。
日本一になった子どもたちは、
目標を見失ってしまったのだ。たった十二歳で。

監督は、自らに問い直した。
この子たちにとって、なにがいちばん大事か。
プロになれる子もいるかもしれない。

しかし、なれない子のほうが多いだろう。
(自分だって、強豪校のレギュラーだったのに
その夢には届かなかった)
それでも、ずっとサッカーを続けてほしい。
サッカーを通して成長してほしい。
(自分だって、サッカーをしていなければ
もっと嫌なヤツになっていたと思う)
「目標は優勝じゃない。
サッカーを好きになること、なんだ」
窓の向こうに、冬の青空。
もうすぐ、子どもたちがやってくる。

照明デザイナー

「俺にとって最高の褒め言葉は」

と、その人は爽やかに言った。

「『そうくるとは思わなかった』ってやつ」


光の当て方で建造物の印象はまったく変わってしまう。

毎回大きなプレッシャーがかかる。

でも最後は開き直るのだ、と笑った。

「俺が失敗したら、俺を雇った建築家の判断ミスだってね」


建築家に「いいね」と言われたら、小さくガッツポーズ。

「そうくるとは思わなかった」と言われたら、大きくガッツポーズ。

期待を裏切ってみせる、という熱。

書家

日頃モノクロ・無音の世界に身を置く反動だろうか。
酔うほどに陽気にはしゃぐ。
明るいホラ話と、やや下品な宴会芸を得意とする。

そうして結局は、書のはなしに戻る。
「臨書してるとねぇ、
この字を書いた人はこんな性格だったんだなってわかるんだよ。
そのうちねぇ、
あぁ、ここで筆を一回置いて、トイレに行ったな、
なんてこともわかるんだよ。
字を見れば、ぜーんぶわかっちゃう。
おもしろいねぇ、書道は」

芸術なんてぇものは、
大言壮語してナンボ。
そんな気もしてくる。

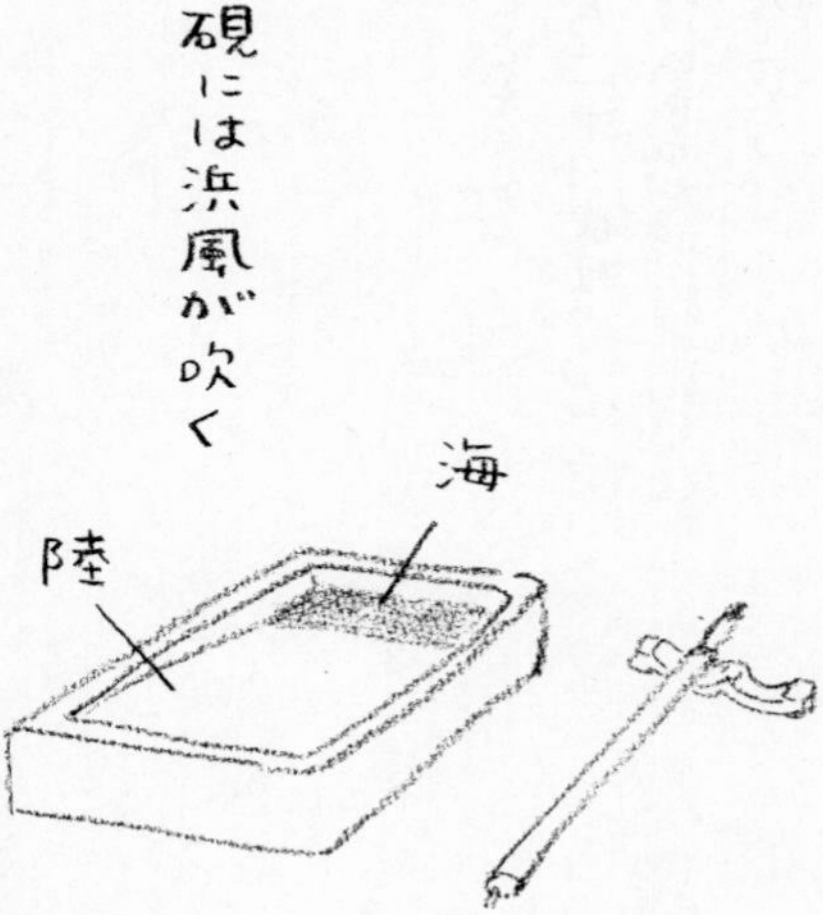

水泳選手

「金メダルをとったら幸せ、
なんて考えるのはやめなさい」
と母親に言われたのだという。
幸せは、お金でも成績でもない。
死ぬ時に「よかった」と思えることだ、と。
オリンピックでメダルを期待された二十一歳は、
記者団に「任せてください」と言いきった。
でも心のなかではこう考えていたという。
「一〇〇メートルでダメなら、二〇〇がある。
それでもダメなら、四年後がある。
それでダメなら、それでもいい」

結果、金メダルをとった。
それもすごい。
でも、そこに幸せがないと
あらかじめ教えたお母さん。
すごいなぁ。

一時間、幸せになりたかったら
酒を飲みなさい。
三日間、幸せになりたかったら
結婚しなさい。
永遠に、幸せになりたかったら
釣りをおぼえなさい。　（中国のことわざ）

スーツアクター

のっしのっしと歩き回って家を踏みつぶし
のたうつ尻尾でビルや橋げたをなぎ倒す。
狼藉の限りを尽くす怪獣はしかし、
「ハイ、カット！　休憩」
と声がかかると、とたんに別の人格（獣格）になる。
腕をだらりと下ろし、ややうつむき加減に、
セカセカと早足で戻ってくるのだった。

怪獣スーツのなかから出てきた役者は
黙って汗をぬぐい、煙草に火をつける。
自分の仕事をこなし、納得している顔。
もみあげには白いものが混じっている。

怪獣役に求められるものはなんですか?
と聞くと、しばしの沈黙ののち
「大きな芝居だね」
五〇メートルだったり八〇メートルだったり
怪獣によって身長の設定は異なるが、
とにかく堂々とした芝居が求められるのだという。

その日その人が寡黙だったのは、
もともとの性分なのか、
それとも
役づくりをしていたせいか。

牛久大仏
高さ120メートル

ゴジラ
身長50メートル

スタントマン

待ち合わせは駅の改札口。
初対面だったが、
「たぶんわかると思いますよ」
と事前の電話で言われていた。
果たして。
遠目でもすぐにわかった。
雑踏のなかに胸が厚くて二の腕がぶっとい人がひとり。
こんな肉体、スタントマンかプロレスラーに決まっている。
高いところから落ちる、車にはねられる、殴り合う。
痛くて怖いシーンをいかにかっこよくつくるか。

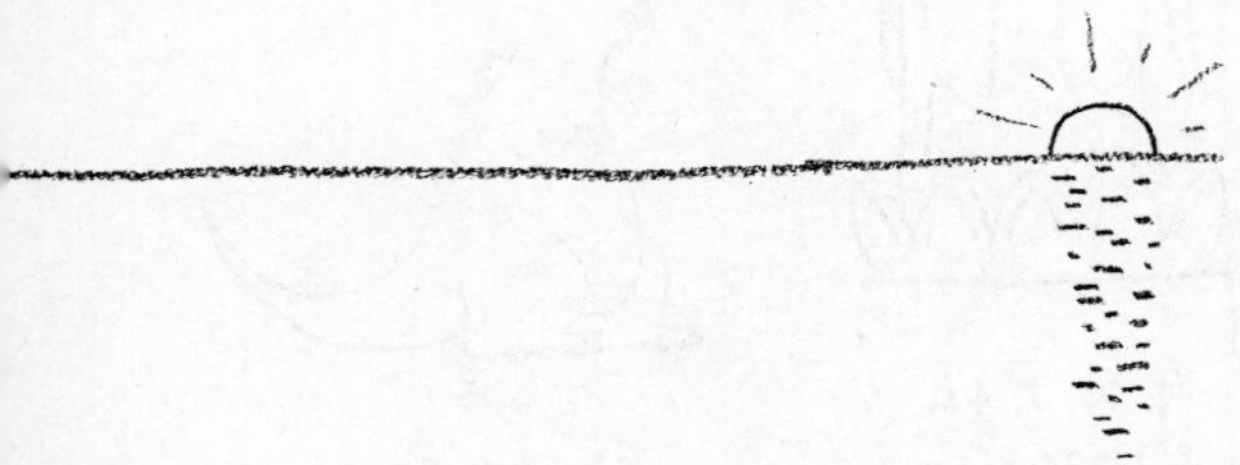

「ほんとの暴力って、見たことありますか？」

「……ありません」

「ものすごく地味であっけないんですよ。

だいたい一発殴ったら片がついちゃう」

それを、スリリングな拳の応酬に仕立てるのが
スタントマンの腕の見せどころ。

その日の取材ノートには
「ほんとの暴力は地味」と一行。
そうして、そのあと、
延々とブルース・リーのこと。

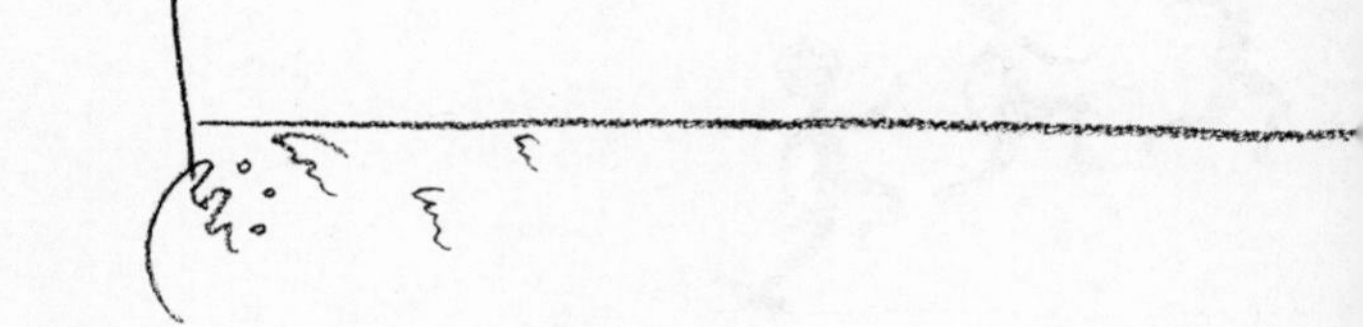

スポーツ写真家

「一秒間に二十枚連写できるデジカメ、か……
今の人は恵まれておりますなぁ」
と言う老カメラマンの口ぶりにはしかし、
自分たちの頃はたいへんだった、という
苦労自慢の雰囲気はまったくない。

フリーランスでスポーツ写真を撮り始めた頃、
お金がなかった。
つまり、フィルムをたくさん買えない。
「試合の途中でフィルムが
なくなることもありましたなぁ。
恥ずかしいから、

シャッター音をカシャカシャ鳴らして
撮ってるフリをしましてね。ハッハッハ」

限りあるフィルムをどこで使ったら有効か。
それを模索するため、
カメラを構えずに練習をじっと観察した。
たとえば走り幅跳びの選手。
着地の瞬間よりほんの少し後の、
体がふっと浮いた瞬間に筋肉がいちばん美しく出る。
「今みたいにいいカメラがあったら、
ボクにはシャッターチャンスがわからんかったかもしれんなぁ」

セロハンテープメーカーの技術者

昭和のセロテープを憶えているだろうか。
ロールが段々畑のようにずれていく現象。
糊の付いてないセロハンだけがツーッと剝ける現象。
ひきだしの奥で、ベッタベタの物体になって発見されることもあった。

「セロテープは生き物でして」
とその人は言った。
アメリカからやってきたセロテープは日本の気候に合わなかった。
それを技術者が何世代にもわたって改良し続けてきたのである。
「要するに……（しばしの間）
セロハンと糊を密着させる下塗り糊と
セロハンと糊をはがれやすくする剝離剤。

その両方の薬剤をバランスよく開発するのに
長い長い年月がかかってしまったわけでして」
「要するに……」という言葉のうしろに
果てしなく続くトライ&エラーの大草原が
ほんの一瞬、見えた気がした。

昭和の文房具

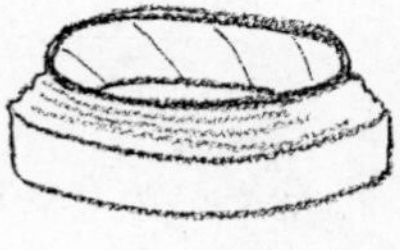

船長

外国航路の船長とお茶を飲む。
バミューダトライアングルの犯人は巨大な海藻だ。
紅海を通過するときは国旗を揚げないと撃たれる。
コロンブスのみやげ話に耳を傾ける女王陛下みたいな気分で
フムフムと聞いていたら、こんな話まで。

「どこの国の港でも、
接岸するとまず
娼婦たちが船に乗り込んできてナ、
船長室の前の廊下にダーッと並ぶんだ。
船長が誰かひとり選ぶのをみんなが待ってる。

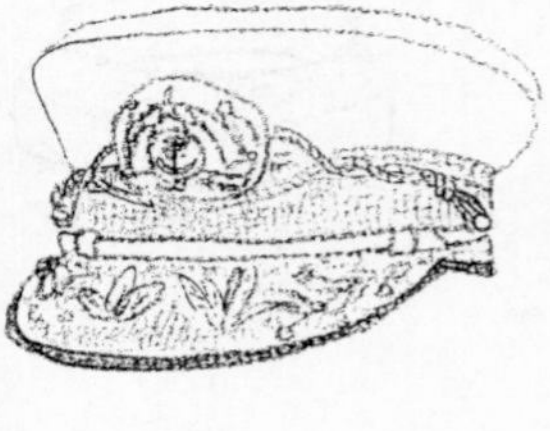

キャプテンの英語は
ゴーカイだった。

選ばれなかった女たちは、船員の部屋を回るんだ。
だから俺はとにかく誰でもいいからひとり、
さっさと選んであげないとみんなが困るわけ。
そこでじっくり選ぶのも恥ずかしいしナ、
一瞬で好みの女性を見分けられるようになったよ」

話し終えてからハッと真顔になり、
「まずいナ。陸《おか》の人間に、しかも女性に、話しちゃった」

太極拳選手

世界大会に出るとね、
ぜーったい！ 中国人には勝てない。
子どもの頃からの環境も鍛え方もぜんぜん違うもん。
成績がよければ国から援助も出るし。
あーあ、あたしも中国に生まれたかったよ。
って、ずーっと思ってた。

あるとき中国人選手の合宿に混ぜてもらったの。
だんだん仲良くなってきたら、みんな口々に言うんだよ。
「あなたが羨ましい」って。
はあ？ って思った。なに言っちゃってんのって。

でもよくよく聞いてみたら
みんな小さな頃から太極拳の養成所で育ってて
太極拳だけが生きる手段なんだって。
「あなたは太極拳が好きだからやっているんでしょ。
いいなー、いいなー」
って、言われた。
うん、あたし、好きだからやってる。
それってすごく幸せなことなんだね。

体操選手

「ぼくは吊り輪が好きだって言うと
みんなに、変わってんなーって言われます」

多くの体操選手は「床」が好きだという。
ずばぬけた跳躍力や華麗なひねりで魅せる床には、
体操の楽しさがたくさん詰まっている。
一方で「吊り輪」は。
ひとつの技を習得するために、
半年も一年もかけて筋肉をつけていく
とんでもなく地道で地味な種目だ。
「体操選手には二種類いるんですよね。

技がすぐに習得できる人と、
コツコツ努力してやっとできる人。
ぼくは、その、すぐにはできないほうのタイプで」
そのことに劣等感を抱いた日々もあった。
だけどあるとき、そっちのタイプには
すごい強みがあることに気づいたという。
「最初からできなくてもぜんぜん焦らない」
吊り輪をつかんで体を引き上げ、水平にして、止まる。
ポーズひとつひとつに、費やした時間が宿っている。

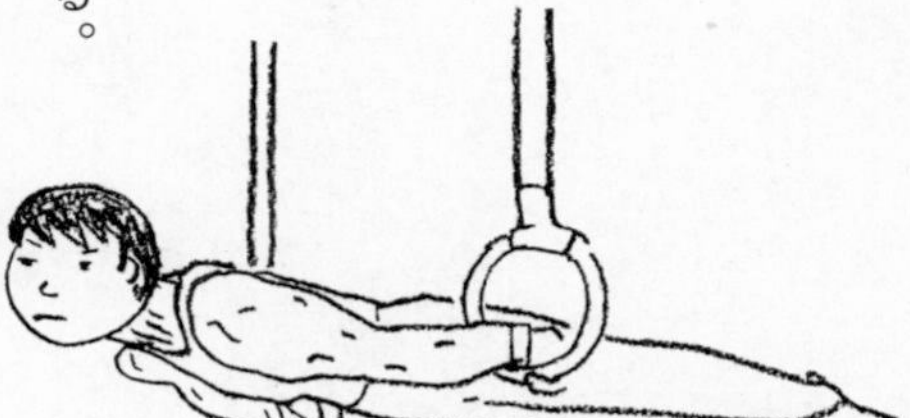

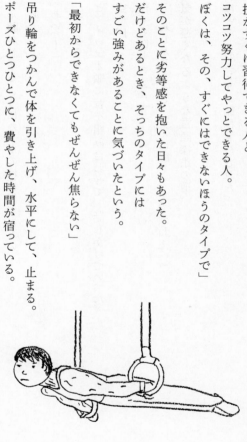

丹頂鶴の飼育員

ツル語が話せるようになったのは偶然ではない。

「あーーー！」

「あいっ！」

「あううう！」

とアイウエオ順に音を組み合わせて、話しかけていった。

空に向かって。

出せる限りの大声で。

「それしかねえべさ、ツルに聞くしか手はねえべ」

気が遠くなるような言語探求の道。

ほとんどのニンゲン語は無視された。

でも、たまにツルが反応する言葉があった。

それを繰り返して、徐々に会話になっていったのだという。
ヨーウ（俺だよ）
クロック（好きだよ）
イエイイエイ（また明日な）
……
「ずっと上を向いて叫んでっから、ジャンパーの胸んとこが唾で汚れんだ」
胸のあたりに目をやると、あわてて
「あ、むかし着てたやつな。このジャンパーは新しいからきれいだべ」

津軽三味線奏者

津軽の生まれでもなければ
親兄弟に邦楽をやる人もいなかったのに
八歳の少年は突如、津軽三味線に目覚めてしまう。

全国大会の小学生の部に出てくるのは
お母さんのお腹のなかにいたときから
太棹の音色にどっぷり浸かってきた津軽っ子たち。
太刀打ちできるはずもない。

少年は、悔し泣きをしながら
ひたすら三味線を弾いて弾いて弾きまくって
奏者として頭角を現していく。

「演奏技術ではもう津軽の人に負けないです。
でも音と音のあいだの空白の表現が下手で
津軽の人間じゃないことがバレちゃう」

空白でバレるって……なんちゅう世界だ。

釣り番組のディレクター

テレビ業界の住人は、
ダンドリとノリが大好物。
ロケ現場でも飲み会でも
「ダンドリがいいねぇ！」
「ノリがいいねぇ！」
が二大褒め言葉だ。

さて、あるところに
ダンドリ下手でノリの悪いディレクターがいた。
先輩たちを真似ようとすればするほど空回り。

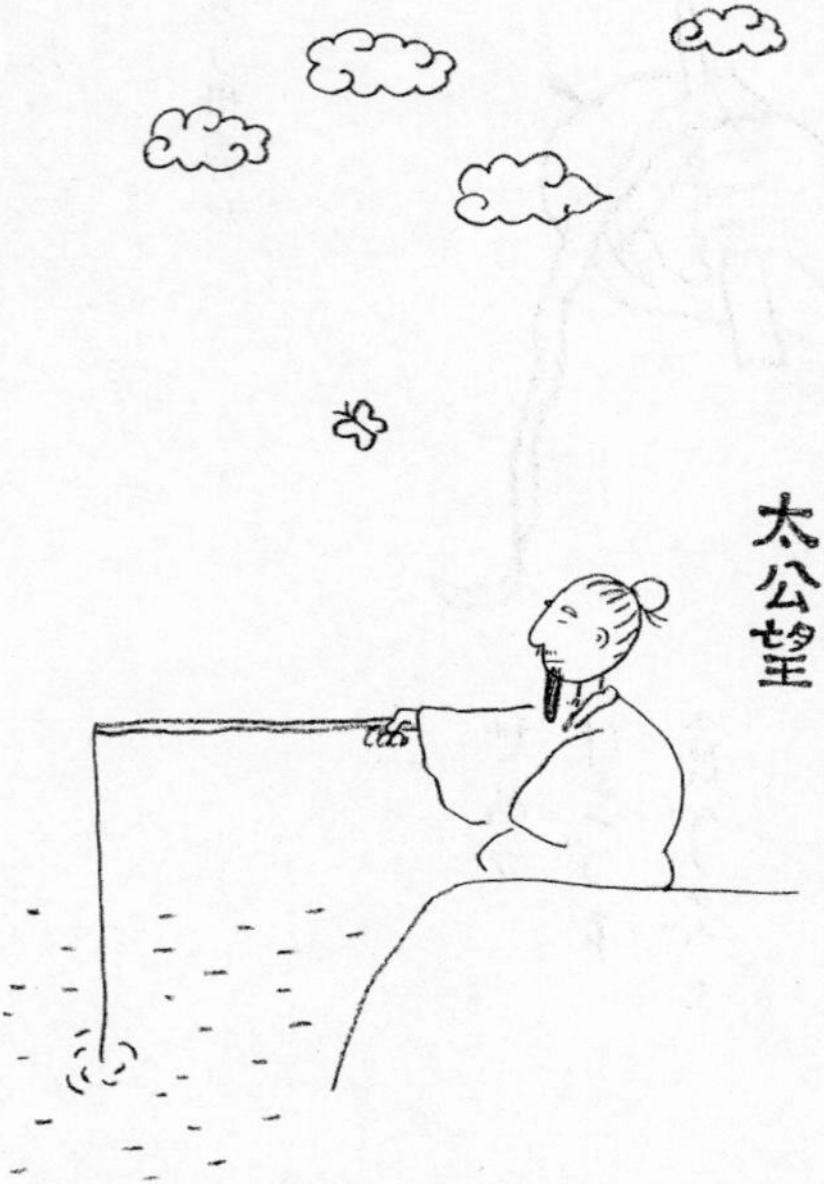

「お前はテレビに向いてない」と何度も言われた。
その彼が、釣り番組を担当する。
釣りのロケは、雨が降ったら中止、波が高ければ中止、
港町で何日も天気待ちをすることもザラだ。
いざ船が出たら出たで、魚が釣れるまで
延々とカメラを回し続けなければならない。

スケジュールがまったく読めない現場で求められるのは
もはやダンドリでもノリでもない。

イライラしないで待てること、その一点なのだった。

「オレこの仕事に向いてるかもって初めて思った。へへへ」

湿った南風、とんびの旋回、イライラしないという才能。

同時通訳

言葉を、それも口で扱う仕事人の常として饒舌である。
しっとりとして可愛らしい声。

「誤訳が怖いの。
その気持ちはもう、ずっとぬぐえない。
人が、それもベテランの通訳が、
大事な場面で訳しまちがえた話を聞くだけでドキドキしちゃう。
だからいつも通訳しながら
これ、正しいかな？って気にする癖がついてた。
でも、あるとき、自分の仕事はなんだろうって考えたら
あたし、英語の先生じゃないわけ。
伝える係、なんだよね。

正しいかどうかを気にしている時点で
自分に焦点が当たっちゃってる。
それより、話し手に焦点を当てたほうが
伝わる通訳ができるんじゃないかって思ったの……」

完璧な訳語を探す集中力をちょっとだけ緩めて
話し手が醸す雰囲気を察するほうに力を注ぐ。
なーるほど。
伝える係は、察する係でもあるんだナ。

動物園の飼育係

子どもの頃、飼っていた猫や鳥が死ぬと
一日中めそめそ泣いた。
中学生になっても、高校生になっても
近所の犬が死んでも、泣いた。
「そんなに悲しいなら、もう動物飼うのやめ、
って、いっつもオカンに言われてなぁ」

やめるどころか。

動物園の飼育係になってしまった。

「これまた困るで。つぎつぎ死ぬし。いちいち泣いてたら身がもたん」

って言いながら、毎回泣いている。

でも、プロになってしばらくすると
涙の意味が変わったという。
「ただ悲しくて泣くんじゃなしに、
死なせてしもた自分が悔しくて泣く。
悔し泣きなら、次に活かせるやろ」

土建業の親方

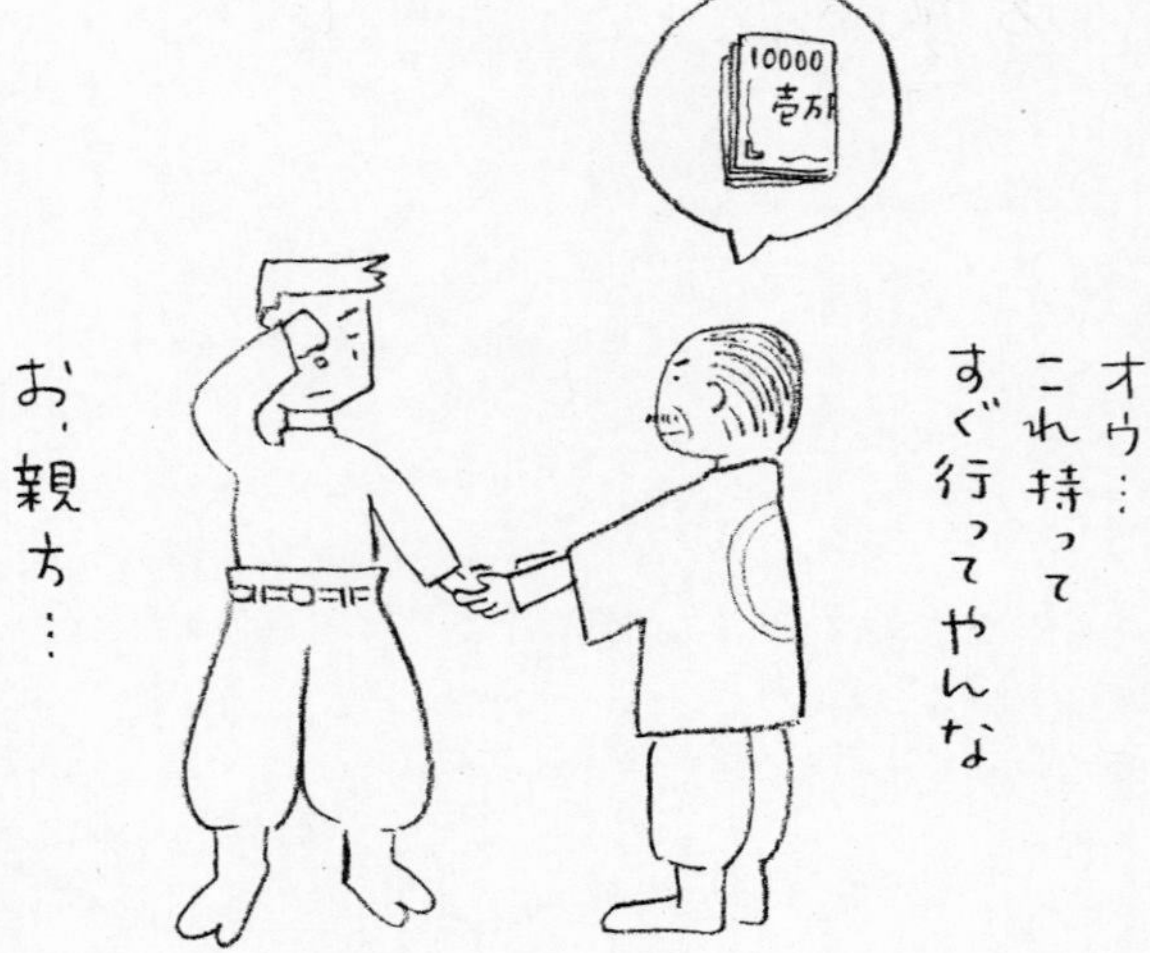
10000
壱万
オウ…
これ持って
すぐ行ってやんな
お、親方…

旧知の親方と、熱燗を飲んでいた。
この前、クレジットカードを不正利用されて……
という話を何気なくしたら、親方の眉がピクリと動いた。

「クレジットカードなんてただのプラスチックや。
いざというときに、なんの役にも立たん。
人の上に立つもんは現金をもたにゃ。
ここぞというとき黙って万札を出すことで
揉め事を解決したり、信頼を勝ち取ったりできる」

もちろん親方は、ポチ袋など使わない。
「裸の札に決まっとる。
それもしわくちゃの札のほうが有り難みがあるナ」

塗装工

北関東の空は褪せた色をして、
その人の手も白くかさついていた。

「一人前になるのに、こんなに時間かかるやつはいねえ」
と言われ続けて、実際、下積み期間は工場でいちばん長かった。
親方にしょっちゅう叱られて、気持ちはどんどん縮こまって、
この仕事に向いてないいんだって毎日思っていた。

あるとき、親方の小言のなかに
「失敗したら、ひとつ前に戻ればいいべ」
というフレーズがあった。

「あ、そうか、ひとつだけ戻ればいいんだ！
というのが、俺にとってものすごい発見だった、です」
かさついた手で、かさついた頬をなでる。
「それまでは、俺は全部だめだと思ってたけど
ひとつ前の行程まではいけてたんじゃねえかって」

気が楽になって、
仕事がおもしろくなって、
どんどん技をおぼえて、
ついには自動車塗装の達人に。
「失敗したら、ひとつ戻ってやり直す」
からっ風に、工場の戸、カタカタ。

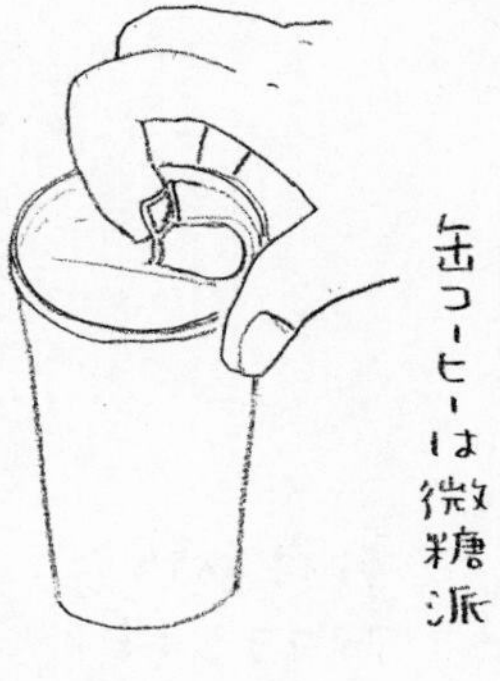

特機

「自分で言うのもなんだけど雨降らしはけっこうなワザでな」

ハリウッドではシャワーみたいな機械を使うが、
日本映画の特機さんは「親指一本」で勝負。
ホースの先を押さえる親指の力加減で
小雨から土砂降りまでをつくり分ける。

「九尺の脚立の上に立ってな、
一間くらい上に向けて放水するのさ」

五、六メートル上空から
落ちてくるホースの水は、

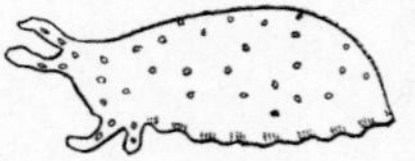

カメラに映ると
ホンモノの雨にしか見えない。

撮影のときはレインコート姿。
「でもなぁ、ホースをもってる
右手から水が伝ってきて、
シャツの袖からパンツまで
右側だけびしょ濡れになるの。
ま、いい雨を降らせるためだから
仕方ねぇわなぁ」

心意気に、水したたる。

ドライブインの経営者

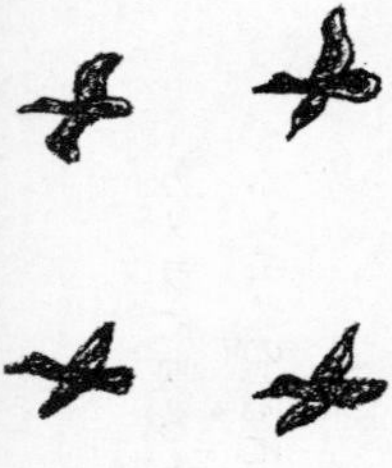

地球の機嫌がいい日の秩序

包丁やフライパンをカタコトいわせて
街道沿いのドライブインで
ハンバーグ定食などをつくっている。
一見、なんの変哲もない料理人なのだが。

葉の揺れ方、雲の流れ方で
地球の機嫌がわかるという。
「そのふしぎな能力は、仕事の役にも立つんですか」
「あんまり」

とはにかんで、少し考えてから続けた。

「道を行く車の、車間距離がバラバラな日は
地球全体が焦っていて、店はヘンな時間に混む。
車間距離が一定の日は、地軸がぼんやりしているから
店はあまり混まないね」

気負いのない顔、嘘をついている気配はない。

そういうこと、もしかして、
人間以外の生き物はみんな知っているのか。

似顔絵捜査官

「ずるそうな目」

「口元はさびしい感じ」

目撃証言に出てくる形容詞を頼りに
犯人の顔を想像で描いていく。

できあがったところで目撃者に見せて、尋ねる。

「この絵、何パーセントくらい似てますか？」

そこで
「一〇〇パーセント似ています」

と返ってきたら、頭を抱えるという。

似てる度70%

ちくわの蒲焼

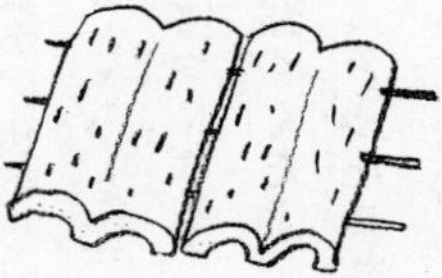

似すぎている似顔絵は、
イメージを限定しすぎて
犯人検挙に結びつきにくいのだ。
似ないように描く似顔絵!
そんなものがこの世にあったとは。

ベテラン捜査官は、重々しく言った。
「七〇パーセントくらい似ている似顔絵が理想です」

庭師

もともと、お花屋さんだった。

ふつう、花屋に頼むのは
花束か、せいぜいウィンドウに飾るブーケだろ？
あるとき、お客さんがやってきて
「花壇つくれる？」
って聞くんだよ。
俺、つくったことないよ。
でも、もちろん「つくれます」って答えたよ。
レンガなんて初めて触ったよ、そのとき。
でも、それなりにできちゃったわけ。

Where have all the flowers gone?

で、次からもう「庭師」を名乗ったね、俺は。

俺、調子いいだろ?
自分でもそう思うよ。
でも、ひとりのお客さんが喜べば、
ぜったい食っていけんだよ。
それが商売になるかどうかわからないときは、
ひとりのお客さんを喜ばせることだけ
考えればいいんだよ。

ハッタリに流儀あり。

俳人

七十代も終盤にさしかかろうというこの人は
五・七・五を使ってうれしそうに人を翻弄する。

なんだこの図抜けたうまさは、と呆れる名句をものしたと思えば
口に出して読めないくらいイヤらしい句をしゃあしゃあとつくる。
句会の席を一分間ゲラゲラ笑いで満たすような句を出して、
「あ、これ、俺の句か」なんてうそぶいてみせる。

歳時記に載っている言葉にはもちろん精通しており、
とりわけ花の名、鳥の名にはたいへん詳しい。

秋の終わりの信州、諏訪。

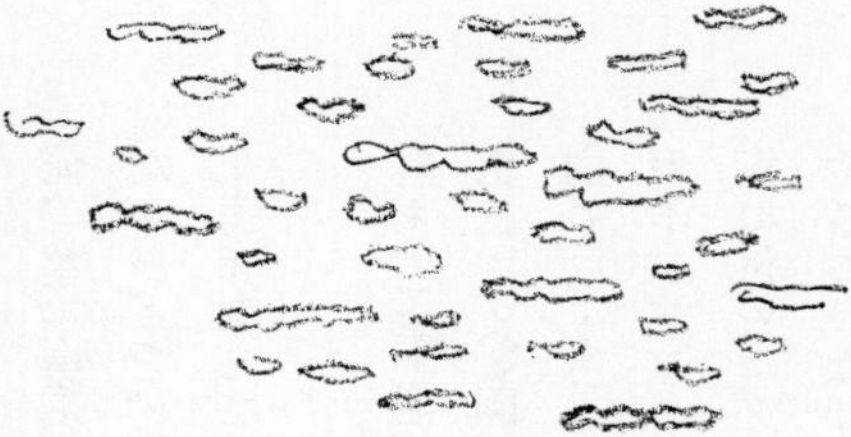

空に小さな雲がたくさん出ていた。

やや筋状で、輪郭は淡い。

「あれは……いわし雲ですか」

とわたしが問うと、俳人はふわりと答えた。

「いや、あれはタタミイワシ雲」

これが俳味というものか。

にやにや。

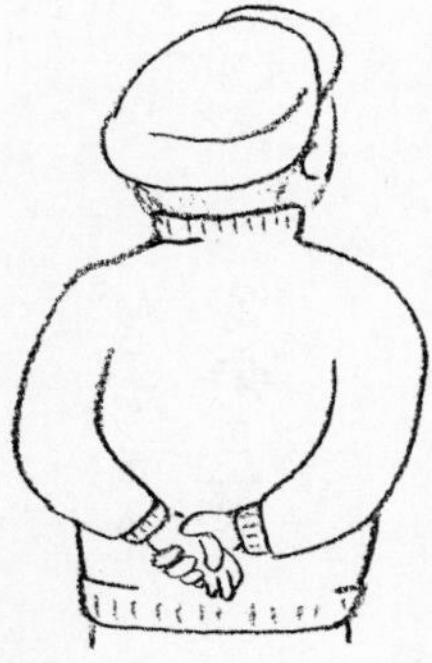

パティシエ

俺、菓子屋のせがれ。
だからどっかでナメとった。
ケーキなんて分量通りにつくればできるってナ。

縁あって有名パティシエのところに修行にいったら
毎日一〇〇回くらい叱られた。
白いコックコートの下に黒いTシャツ着たら大目玉。
両手が塞がってて冷蔵庫の扉を足で閉めたら雷が落ちる。
指に付いたグラニュー糖をパッてはたいたら延々と説教。
やることなすこと、ぜんぶダメ出し。
親方は俺のこと嫌いなんやって、
二年か三年、ずっとそう思っとった。

だけど最後の最後にわかった。
冷蔵庫の扉を足蹴にするような、
グラニュー糖を床に落とすような
コックコートから黒が透けてるような、
そういう美意識のやつに
ぜったいにおいしいケーキはつくれない。
はぁ〜っ、気づくまでに時間かかったぜ。

板金工

「この前な、目ぇかけてる若い職人が
そこそこ大きな仕事をとった言うて相談にきてん。
見積もり見せてみぃ言うたら、
ふたりで四日かかる見積もりになっててん。
『お前、こんなもん八人工《にんく》の仕事やないで。
こうしてこうしてこうしたら、
ひとりで三日、ふたりなら一日半もあればできるやろ』
って教えてやってん。
俺はもう、求められたもんを早くつくることにかけては
誰よりも工夫するから」

「人工」という職人用語をうっとり聞く。

でも、途中でふと疑問が湧く。
早く仕事が済んでしまったら、
職人は損をするんじゃないだろうか？

「いや、俺はいつも若いもんに言うてんの。
『早く仕上がったからって値引きする必要はない。
でもその分、技術でお返しせい』って。
たとえば余った時間で施主さんちの看板を板金でつくって
プレゼントしたらええやん。
そうやって金かけんと腕で喜ばせることができたら、
こっちもうれしいし、棟梁も施主さんも喜ぶやん」
技術でお返し。腕で喜ばせる。いいなぁ。

パトロールで
お返し。

ピアノ調律師

グランドピアノを眺めていると
つくづくこれは神様の持ち物だな、と思えてくる。
操るピアニストは神の分身。
調律師はさしずめ巫女のような存在か。

ハンマーをあと〇・五ミリ回すか、〇・三で止めておくか。
鍵盤の下に紙を三枚噛ませるか、二枚にしておくか。
神様との交信機は、常人には理解不能な精密さで調整される。

世界の一流演奏家に信頼される八十歳の名人は、
痩身を焦げ茶の背広に包んで、静かに語り出す。

昔ねぇ、ボクにピアノをいじらせてくれてた
イタリアの有名なピアニストがラジオ番組に出たんだよ。
で、アナウンサーに質問されたの。
「あなたはなぜ、あの日本人に調律を任せているのか?」
ってね。
さあ、なんて答えるのかなぁ
ボクのこと褒めてくれるのかなぁ
って期待して聞いてたら、そのピアニストね、
ちょっと考えて
「邪魔にならないから」
だって。はっはっは。
でもねぇ、よく考えたら「邪魔にならない」って
調律師にとって最高の褒め言葉だよねぇ。

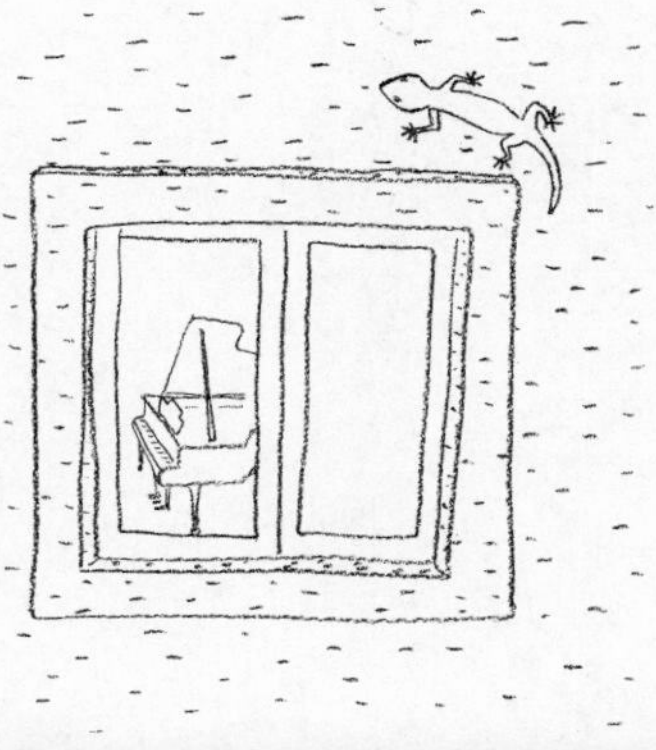

羊飼い

霜がびっしりついた枯れ草に、朝日がキラキラ。

氷点下の空気を切り裂いて、犬が走ってくる。

そのうしろから羊飼いが姿を現す。

「ゆうべ三頭出産したよ。ねみぃー」

思い出すたびにうっとりする、天国みたいな暮らし。

だけど、家族六人で年収は百万円だという。


羊飼いになりたいけどそれじゃ食えないし。

と悩んでいたとき、モンゴルに行った。

「モンゴルの遊牧民、すげえの」

毎日羊を眺めて、指じゃんけんをして、笑っているのだという。

町では、テレビやトランプが売られているのは知っている。

買おうと思えば買える。
でも欲しがらない。
だって、指じゃんけんが楽しいから。
あまりにも毎日が幸せで、
それ以上のものは欲しくないのだという。
「あれ見ちゃったらさぁ、
自分もやりたいことやろうって思うぜー」
それで、北海道のはじっこの雪原に、
「年収百万、それがどうした」の
羊飼い一家が誕生した。

百貨店の販売員

老舗百貨店にお勤めの、きちんと女子。
好印象を旨とした髪型とメイク、自然体のほほえみ。
だが驚くべきは、ほほえみの奥に潜む
スパイのような深謀である。

買ってくださるお客様ではなく
「見てるだけ」という方にいかに目を配るか。
そこがワタクシどもの仕事です。
お客様の視線を追う——あくまで、さりげなく。
どのタイミングで声をかけるか。
もちろん、かけなくていい場合もあります。
その見極めが勝負の分かれ目。

そして、最大の山場は。
何も買わずに帰るお客様に
「またお待ちしています」を
いかに感じよく言えるか。
「次」があるかどうか、
そこで決まります。
うーん、深い。
目の前のことに集中し、
かつ、目先のことにとらわれない。
商売の基本だな。

美容外科の看護師

あたし、小学校の頃、
「保健がかり」で。
クラスメイトがカッターで
指を切ったりすると
保健室に連れて行って手当てするのが
ものすごく好きだったの。

中学生になると、
女の子って友だちの家に集まって、
髪の毛をブローし合ったり、
お化粧したりするでしょ。

そういうときも、自分がされるより
してあげるほうが断然好きだった。

それで、最後まで迷ってた。
看護師になりたいのかメイクの仕事がしたいのか。
実際、看護学校に行きながら、メイクも習ってたの。
ほんとにほんとに決められなくて、苦しかった……。

あぁ、世の中にこれほど
美容外科の看護師にふさわしい人がいるだろうか。
「いまの仕事はおもしろくてしかたないです。
特に、二重まぶたの手術が大好き」

フードコーディネーター

「今日はスタジオに特製カレーをご用意しましたー！」
なんて展開のテレビ番組で、
美しく盛ったカレーを出してくれるのが
フードコーディネーターさんである。

「出して！」って言われた瞬間に
最高においしい状態で出せるように
こっちは朝から準備して待ってるのにさー。
前のコーナーが押したからカットだって。
もー、やってらんないよー。

と、むくれるフードコーディネーターさんを
しばし慰めていると。

さてと！
家に帰ってニンジンの千切りでもしよっと。
じゃ、お疲れー。

立ち直りが早い。
しかも、ストレス解消が千切りとは。
さすが料理の国の住人だわ。

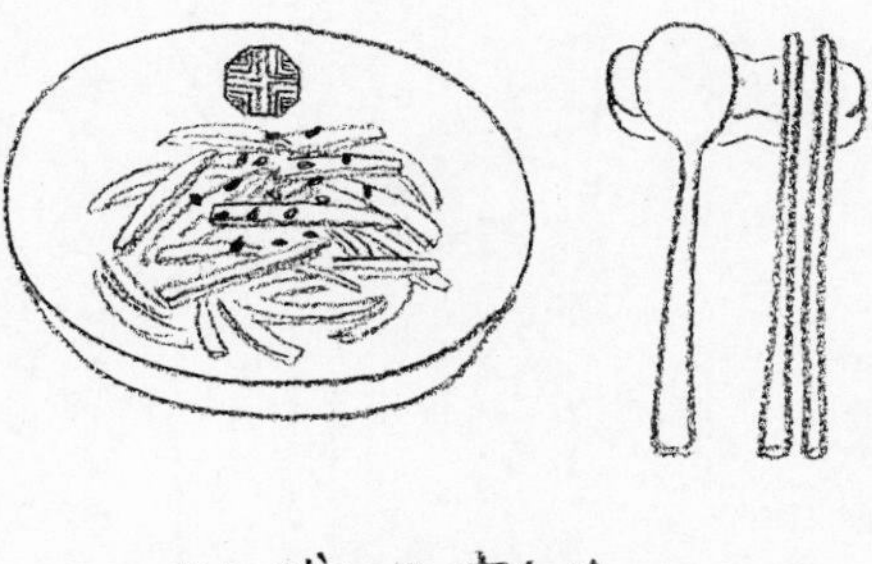

プラモデルメーカーの社長

つまりボクらはオタクの集団です。
プラモデル狂いの成れの果てです。
子どもの頃は親に叱られ、結婚したら嫁に叱られ、ね？
誰も褒めてくれない行為ですよ、プラモデルなんていうものは。
それを仕事にするんですから。
金儲けなんか最初から考えちゃいません。

それで、ロシア軍用機プラモの図面を書くために
モスクワの軍事博物館まで出かけていくというような
完全に採算度外視の商売をしている。
その商売が、ふしぎとうまくいっている。

人様から「馬鹿じゃねえか」と言われてナンボ。
そう言いきって、昼下がりの青い空、すがすがしい。

6畳間の
こたつの上で
創業した由。

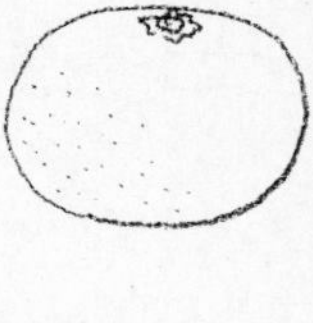

振付師

アイドルグループに振りを付けるとき、

「うまく踊れない」

「リズム感がないんです」

って訴えてくる子が必ずいるのね。

そういうとき私はいつも言うの。

「またまたぁ、隠しちゃって」


だって、リズム感は誰でももっているのよ。

心臓の鼓動がある限り。

This is heart beat!

あなたもちょっと立って踊ってごらん！

……で、お話を聞きに行ったのに
気がついたら机を部屋の隅に寄せて
ステップを習っていた。

ワン、ツ、ウ、スリー、フォー。
そうそう！
踊れないのはリズム感がないせいじゃない、
うまく踊れなかったら恥ずかしいっていう
余計な自尊心のせい！
それをとりはらって！
ほらね、できるでしょ！

プロ野球の応援団長

某球団が関東以北で試合をするとき
外野席には必ずこの人がいる。
堅気なのだが、見た目は少し、怖い。

選手の応援歌を作詞作曲し、
トランペット奏者を統率し、
白い手袋で観客の拍手を促す。
だが、任務はそれだけではない。
応援席で何か揉め事が起こったとき
矢面に立って仲間や一般のファンを守る。
「むかしは暴力団がうようよいましたから。
怖いからもうやめようって何度も……」

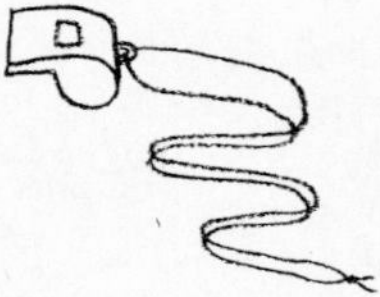

思いながら、二十九年の歳月が流れた。
あるサッカーチームの応援団長とは長年の友人で
結婚式にも招待された。
式には応援しているチームの選手が何人か出席し、
監督のビデオメッセージが流れたという。
「すげえなぁ、羨ましいなぁ、と思いましたよ。
俺なんか、選手と個人的に話したことすらないから。
でも、こっちは選手たちのことを毎日見ているけど
向こうはこっちのことなんてぜんぜん知らないっていうのが
自分らしいっていうか、俺はこれでいいなって……」
春風が怖い顔を撫でていく。応援に、美学あり。

プロ野球の監督

ガキの頃からピッチャーで四番でキャプテンだったという
そのエリート選手が入団してきたとき、監督は悩んだ。

「叱っても言うことを聞かねえし、
といって褒めたらつけあがる。
俺、困っちゃってさ」

だが指導を素直に聞けないほど
選手にとって不幸なことはない。
ということを、監督はよーく知っていた。
なぜなら、かつて自分も抜群に野球がうまく、
やんちゃな自信家だったから。

「向こうが大人の言うことを聞かないなら、
俺が子どもになってやるって思ったのさ。
いちばん野球がうまい子どもになって
ガキ大将みたいな顔して指導してやろうって」

フフフ。
誰だって、ガキ大将の言うことは聞く。

法廷画家

「なんだか最近ね」

とのんびり言う。

「顔を見たら、有罪か無罪かわかるようになっちゃいましてね」

え！

画用紙を携えて裁判所に出かけ、被告人の様子を描く。

テレビ局の報道部と契約していて、

世間を騒がせた悪女も政治家も教祖も目撃してきた。

裁判が始まると、傍聴席からは被告人の背中しか見えない。

表情が読み取れるのは、入廷から着席までの十五秒。
全神経を被告人に注ぐ。
その十五秒を何百回も生きるうち、
奇妙な特技が身に付いてしまったのだった……

「画家になりたかったんだけど、
なんだかヘンな画家になっちゃいましてね」

法廷内の撮影が
許されている海外
には法廷画家は
いないという。
ヅラ裁判官@イギリス

ボウリング選手

「ボウリングって、三〇〇点満点をとれば
負けることはない競技なんですヨ。
相手の調子がよかろうが悪かろうが関係ない。
だから敵はいつも自分。自分の、心」

そういうわけで達人は、フィジカルを鍛えつつ
同時に自分の心を徹底的に観察した。
テーマは、「どういうとき平常心が失われるのか」。
結果、ふたつの条件が重なったときだということがわかった。
①欲が出てしまう場面
②不安がある場面

つまり、ふたつのうちどちらかを消せば平常心は保たれる。

どうしても勝ちたい試合は不安をなくして臨む。

心身に不安があるときは欲を捨てて臨む。

「そうすれば、平常心でいけますヨ」

いやはや、すごい発見ですぞ、これは。

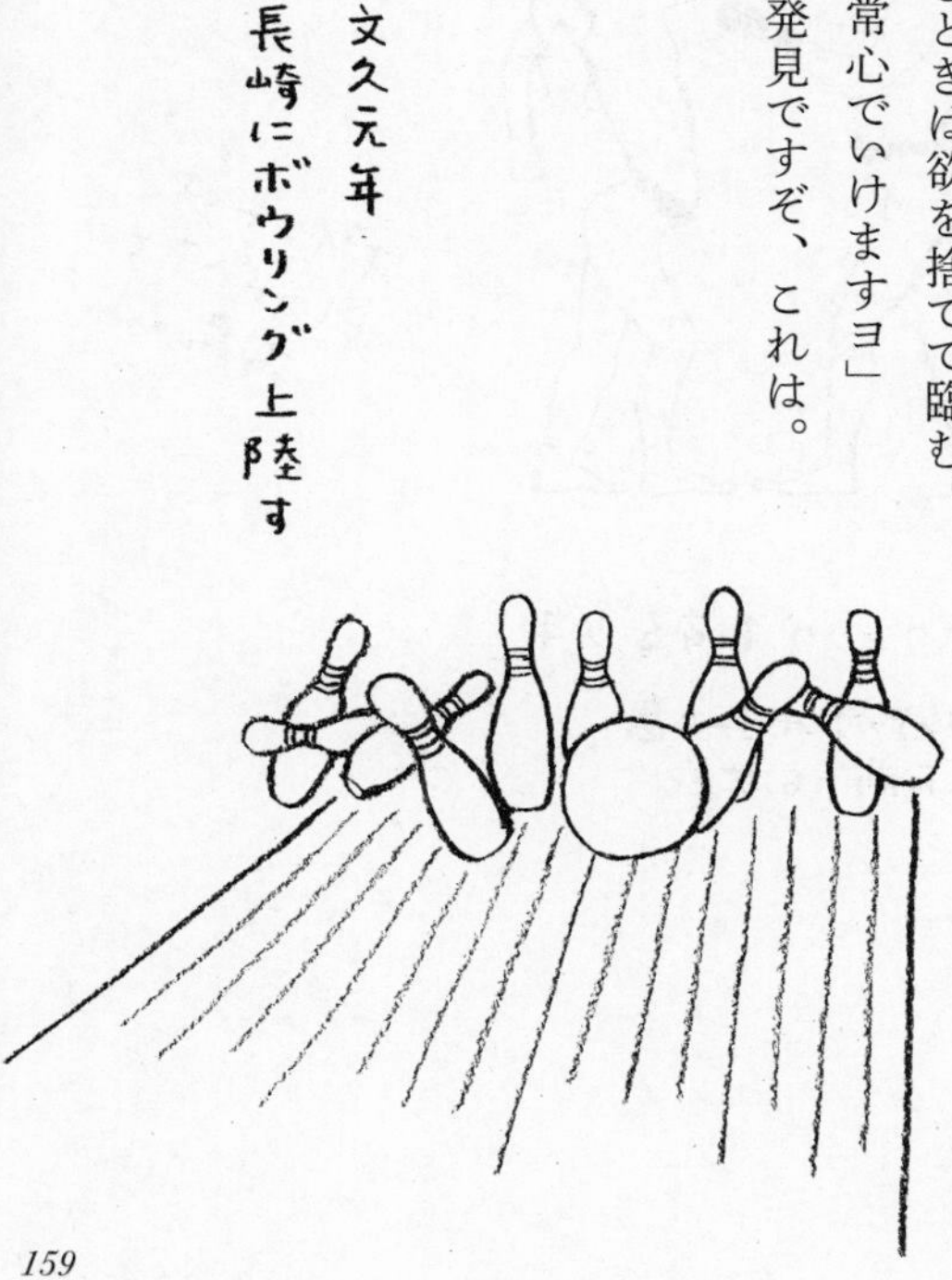

ボクシング選手

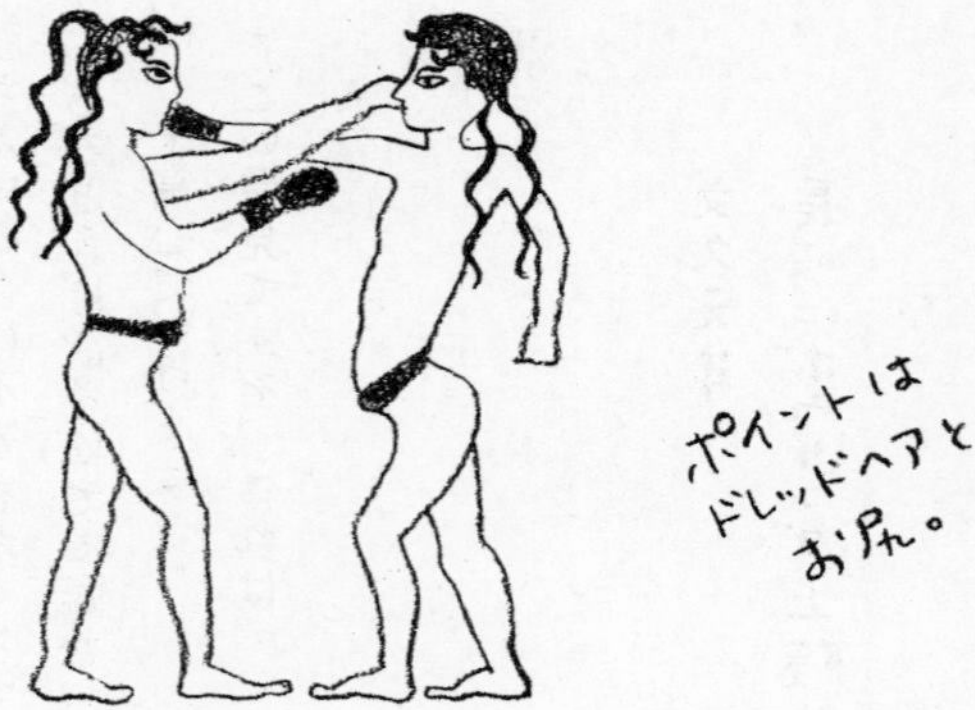

「ボクシングをする少年」
ギリシア・サントリーニ島
紀元前16世紀

すげえ貧しかったとか差別されたとか、
劇的な動機がないと強くなれない感じするじゃん、ボクシングって。
だから俺、まあまあ勝てるようになってからも
「最後はハングリーさで負けるかもな」ってのがずっとあって。

でも、あるとき思ったわけ。
そんなことグチグチ考えてたって今さらハングリーになれねえし、
俺はもう恵まれていることを大事にするしかねえなって。

ひとつひとつ、めちゃくちゃ丁寧にやってやろうって決めてさ。
だから俺、バンデージ巻くの、たぶん世界でいちばんうまいよ。

それから少し経って、男はチャンピオンになった。

マグロ漁師

よく「同じ釜のメシを食う」って言うだろ。

それがどういうことか、いっぺん船に乗ればわかるよ。


一ヶ月かけて、マグロを獲りに行く。

朝メシも昼メシも晩メシも一緒。

毎日三、四時間しか寝られない。

シャワーは海水。

当然、イライラしてくる。

「しっかりやれよ!」

「うるせー!」

って、ほとんど喧嘩。

ときどき、ほんとの喧嘩もある。
でもどんなにののしり合っても
しばらく口をきかなくても
お互い、目の端に相手の姿をいつも捉えている。
そうしないと、海に落ちて死ぬからさ。
腹を立てながら、相手を気遣う。
そういうのが、同じ釜のメシ、なんじゃやねえかなぁ。

ねぎま鍋

マジシャン

青年はほほえみを絶やさず、うやうやしい手つきで
トランプや紙やナイフを操る。

「さてお客様、恐れ入りますが
一枚、引いていただけますでしょうか」

気取った口ぶり、
さすがはお金持ちが集まる会員制クラブの専属マジシャンだ。
一対一で披露される優雅なテーブルマジックに、
お姫様気分で酔いしれる。

マジックが終わるとそこで魔法はとけて

ふたり、バーガーショップでジンジャーエールをすする。

「ねぇねぇ、どうして手品師になったの？」

「高校のとき、彼女にフラれたんです。

『ボクのどこがダメなの？』って聞いたら

『おもしろくないから』って、ひとこと。

それでおもしろい男になってやろうって」

真面目なんだなぁ、青年は。

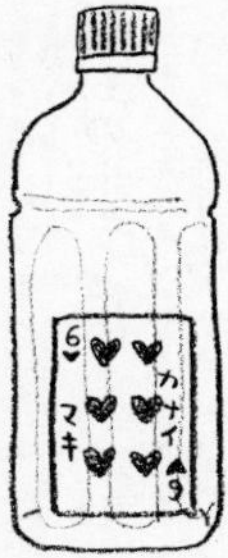

未開封のペットボトルにトランプを
とじこめるマジック。不思議すぎる。

漫画原作者

「当時、松本清張と並ぶ稿料をもらっていた」
とは、昭和四十年代、チャンバラ、スポ根、学園もの……と
あらゆる漫画の原作を書きまくった人の言。
ウケる物語が湯水のように湧き出る才能とは
どれほど胸躍るものなんだろうと想像する。
それさえ手に入れれば、億万長者だ。

「ヒントを教えてください」
と頼むと、少し考えて
「おもしろいキャラクターが浮かんだら、いけるよ。
たとえば、泣きながら人を斬る侍、とかね」

泣きながら人を斬る侍!
そのフレーズがすでに物語なのである。
才能ってそういうことかぁ。

漫画雑誌の編集者

困った……アイデアが出ない……。
刻一刻と迫る締め切り。
絶体絶命！
という漫画家と顔をつきあわせること数十年、
漫画雑誌のベテラン編集者が編み出したのは
「ひとりごと作戦」だった。

漫画家っていう生き物はね、
喉から手が出るほどアイデアが欲しいくせに
「僕が考えたんですが」
って言った途端に、
ぜったいにそのアイデアを使ってくれないの。

こっちもそれがわかってるからね、
「そういえば……
むかし見た映画に……
こういうシーンがあったなぁ……」
って、ひとりごとを言うの。
映画の思い出話みたいにして
アイデアをちらっとね、言う。
そしたら「あ、それ使えるかも」と乗ってくる。

え？　映画？　もちろんつくり話だよ。
ハハハ、そんなピッタリな映画、あるわけないでしょ。

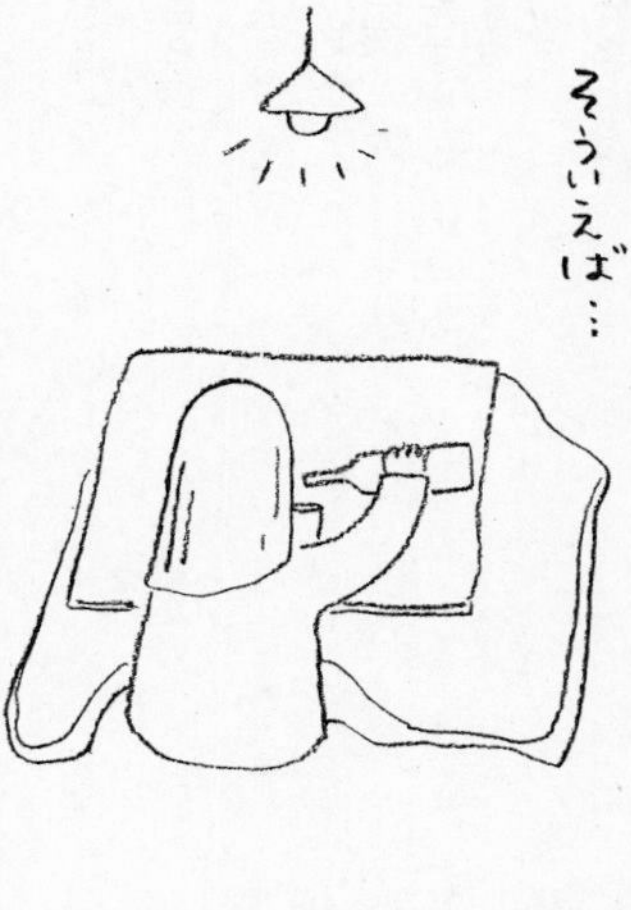

メーカーのクレーム対応係

客に怒鳴られて、頭をペコペコ下げる仕事。
自分を殺すことができる人じゃないと
務まらないのでは
……という予想は見事に裏切られた。

「わたしね、喧嘩するなら勝ちにいきますよ」

と、いたずらっ子の目で好戦的なことを言う。

「舐められたら、終わりですからね」

しかも、よくよく聞くと、喧嘩する相手は
お客さんではなく、自分の会社なのだった！

どんなクレームも受け止める、と彼は言いきった。

「理不尽なクレームを上手に突っぱねたら
一時的な解決にはなるかもしれないが、
そのお客さんはウチを嫌いになっちゃうでしょ。
でもわたしがお客さんと一緒になって
会社に対して本気で喧嘩をすればね、
その人は必ず次もウチの製品を買ってくださる。
クレーマーは、最高のファン予備軍です」
……ふ、ふかい。

彼が定年退職するとき、元クレーマーたちは
花束を持ってきてくれたという。
しみじみと、日本のメーカーの底力。

わたしもね、クレーム言いますよ。
反対に、いい店員さんに
出会ったらすぐ褒めます。
褒めるだけじゃなく、
社長さん宛てに手紙書きます。

野球中継のスイッチャー

構えるバッター、リードする一塁ランナー、
ベンチの監督、スタンドの大観衆、
ピッチャーの顔アップ、バッターの顔アップ……。
十数台のカメラから送られてくる映像を瞬時に切り替えて、
戦況をわかりやすく伝えるのがスイッチャー。

野球場の外の駐車場に停めてある中継車、
窓のない空間にスイッチだらけの機械を置いて
作業は粛々とおこなわれる。
陽射しや夜風を感じることもなく、
贔屓《ひいき》のチームやプレイヤーはもたない。
ホームランが出ても興奮なんかしない。

「ハイ。ホームランが出ましたら、
ボールがスタンドに入る瞬間の絵と
打った選手がホームベースを踏む瞬間の絵、
このふたつが是非ものになります、ハイ」
クールな右手人さし指が、ただ任務を遂行するのみ。

ホットドッグに
かぶりつく美女
をアップで抜く
のがザ・メジャー
リーグ中継!

寄席文字書家

寄席のめくりや歌舞伎役者の千社札を書く一門の師匠。
シャイな江戸っ子らしく、初対面ではあまり笑わない。
「ハネやハライの先っぽは、
三つか五つに分かれるって決まってんの。
奇数は吉数ってね」
このぶっきらぼうな感じが江戸弁なのかなぁと
話の内容よりも口吻に気を取られてしまう。
「字ぃ書くとき、十を目指しちゃだめ。
九で寸止めすんの。
粋になりすぎると、野暮になんだよ」

と言ったあと、

「んなこと言われても、わかんないよなぁ？」

やっと笑った。

そこで
「わかります」
って答えるのが粋なのか
野暮なのかわからず
こちらも曖昧な笑顔で、
次の言葉を待つ。
若葉の昼下がり。

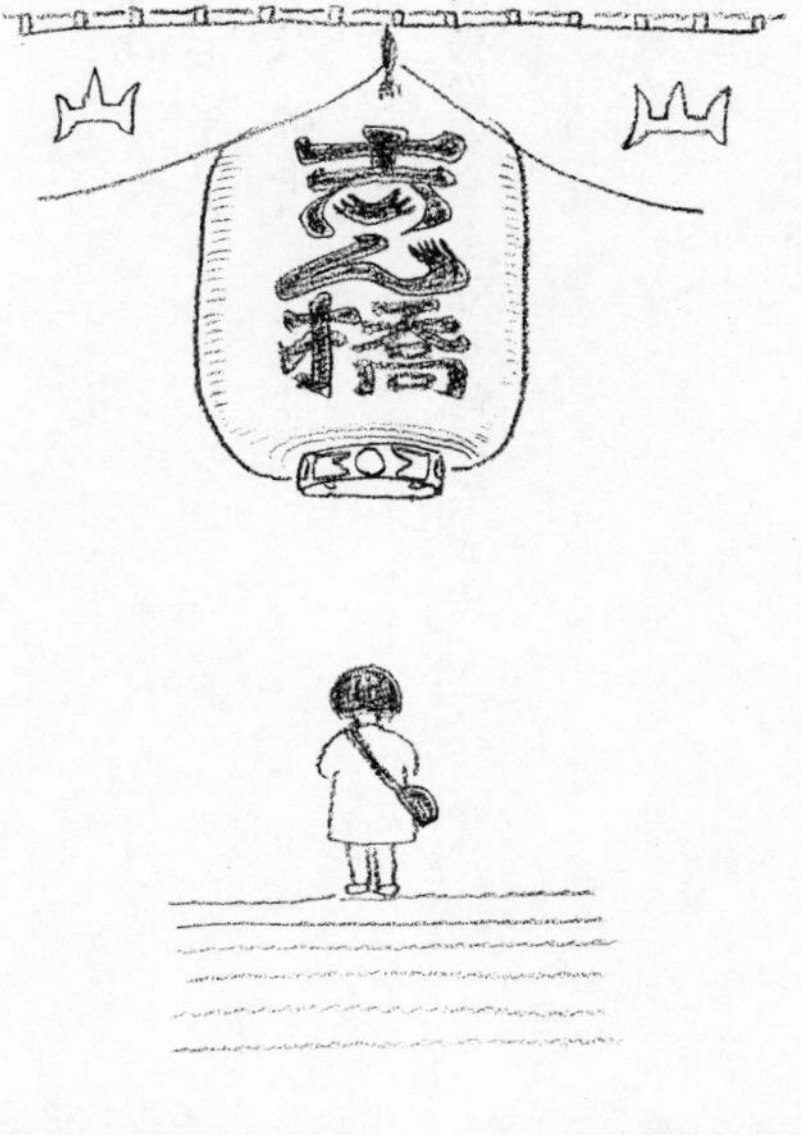

ライフセーバー

海水パンツ一丁、赤銅色の胸を張り
ザッザッザッと（ややガニマタで）浜を行く。
「河童」の異名をとる泳ぎの名人、御年、八十五。
太平洋戦争中は鮭の密猟で飢えをしのぎ
あとはひたすら、地元の海水浴場の安全を守り続けてきた。

会いに行ったのは海開きの前だったが
指定された場所は「海の家」。

「俺、毎日、海を見ないと頭がおかしく
なっちゃうから。ワッハッハ」
豪快に笑う。

「死ぬまでやるよ、ライフセーバー」

の言葉どおり、泳ぎはもちろん
体力維持のための努力を怠らない。

「でな、死んだら三途の川の監視員をやるの。

ワッハッハ」

落語家

真打ちになった意気込みを聞いても
「まぁ、ぼちぼちやります」

なんて、気のない返事。

「ぐうたらで、いい加減なもんで」

なんだか落語の登場人物みたい。

「新しい噺は、ある程度おぼえたら高座にかけちゃう。

もう、出たとこ勝負。へへ」

おっちょこちょいでぞんざいな熊さんそのもの。

だけど。

「そのほうが失敗してもダメージが少ないから」

と続けたので、ふふん、なんとなく、わかっちゃった。

ほんとうは失敗のダメージを誰よりも恐れていること。
完璧を目指したい求道者なんだということ。

酒飲みは
やっこ豆腐に
さも似たり
はじめ四角で
あとはぐずぐず

料理人

この人の料理を口にしたとき
体が宙に浮くかと思った。
美味しいという次元を超えている。

達人、笑って曰く
「旬のものを食べたから、
血が躍ったんですよ。
生き物の本能です」

日本料理の頂点にのぼりつめて
次は海外で勝負する、と決めた。
人はその無謀をいさめるが。

達人、笑って曰く
「血が騒いじゃったんですよ。
血が騒ぐってことは
そういう未来が待っているのです」
血は躍る。血は騒ぐ。
生きるって血だね。

ロケのコーディネーター

アマゾン奥地の暮らしを取材してきた人のはなし。

村から歩いて二時間の森。
そこでナマケモノを見つけたら、
村人はいそいそと狩りの道具を取りに帰るのだという。
往復四時間かけて戻ってきても、
ナマケモノは同じ木に同じかっこうでぶらさがっていて、
まんまと狩られる。

あぁナマケモノよ、お前はなぜ逃げないのだ。
勇敢なのか、怠惰なのか。
達観しているのか、何も考えていないのか。

まったくこの惑星は謎で満ちている。

「で、ナマケモノは美味しいんですか？」

「うーん、そうでもねぇな。サルのほうが、身が締まっててうまいね」

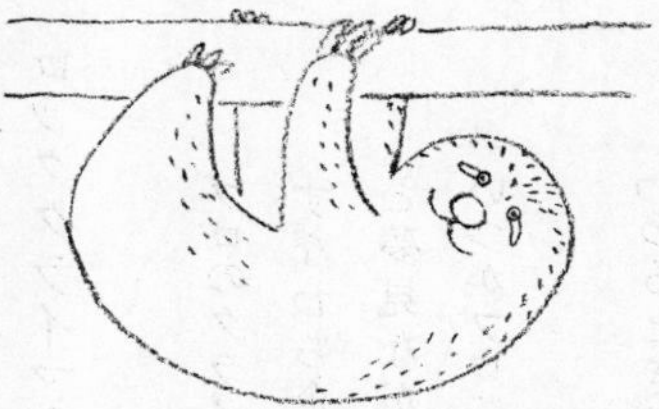
ナマケモノって
名前がなぁ…

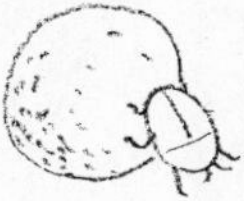
フンコロガシも
ひどいぜー

バフンウニより
マシだろ

ロッククライマー

プロのクライマーになりたい。

すなわち企業のスポンサー契約をとりつけたい。

と夢見ながら、ずっとアルバイトを続けていた。

いつかプロになって辞めるつもりのバイトを。

「あるとき、リュックの容量は決まってる、と思ったんです」

「リュック?」

何かを捨てないと、新しいものは入らない。

本当にプロになりたいなら、
はじめにバイトを辞めてみよう、と決断したのだ。

「お金がなくなることより、洗濯機の中にいるほうが怖かった」

「洗濯機？」

ぐるぐると同じところを回り続けることへの恐怖。

そこから逃れるためにジャンプし……プロになった。


夢を叶えた人の多くが、退路を断った経験をもつ。

退路を断った人のどれほどが、夢を叶えたのかは知らない。

リュックと洗濯機……

うまいのか下手なのかわからない喩えふたつ、胸に残る。

世界は
うずまきで
満ちている

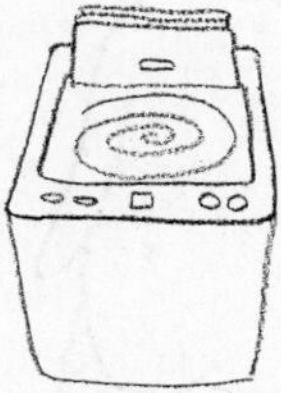

フム!
フムフム
ふむ
フム

フム
フムフム
フム
ふむ
フウム

文庫版増補

フムフムと生きて、フムフムと死ぬ。
そのあいだ、なるべく機嫌よく。
達人コレクションがさらに増えました。

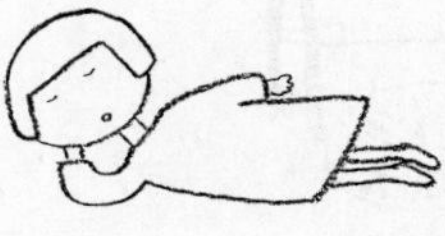

カレー店店主

三十代で、ひょんなことからカレー屋に職を得た。
店を移ったり、任されたりしているうちに
「わかりやすい味」に疑問を抱いたという。
「鶏がらスープを濃くすれば、出汁《だし》の旨味が出るから
わかりやすい味になる。
だけどスパイスの香りを活かすなら、
スープじゃなくて水を使うほうがいい。
どういう順番で材料を投入するか、
どのように鍋に火を入れていくか、
もう無限のパターンがあって……」
カレーの沼にはまり込んだ。

四十歳で自分の店を出した。
「そのとき、お客さんのことは考えないって決めたんです。
一〇〇人が一〇〇人『うまい！』ってことはないんだから。
どんなカレーでも絶対に
『俺の口には合わねえ』って言うやつがいるわけよ。
だったら最初から自分がつくりたいカレーだけつくる！
それをいばって出して、金を取る！」

店主はうれしそうに言い切って、
ちょんまげを揺らしながら厨房に戻っていった。
こういうカレー屋さんはきっと世界中にいる。
ソウルにもイスタンブールにもブエノスアイレスにもいて、
今夜も街の一角を照らしているに違いない。

眼科医

医者になりたての頃、先輩に
「患者さんに謝ったらダメだよ。訴訟で負けるから」
と教えられたんだけど……
あたしすぐ謝っちゃう医者になったわ。
診察途中で
「あっ、まちがえました」と言うこともあるし、
「不安なら別の病院を紹介しますよ」って
こっちから提案しちゃう。
あたし、小心者だからさぁ。
と語るのは中学高校の同級生で、
当時、試験勉強もせず試験当日を迎えて砕け散るわたしを見て

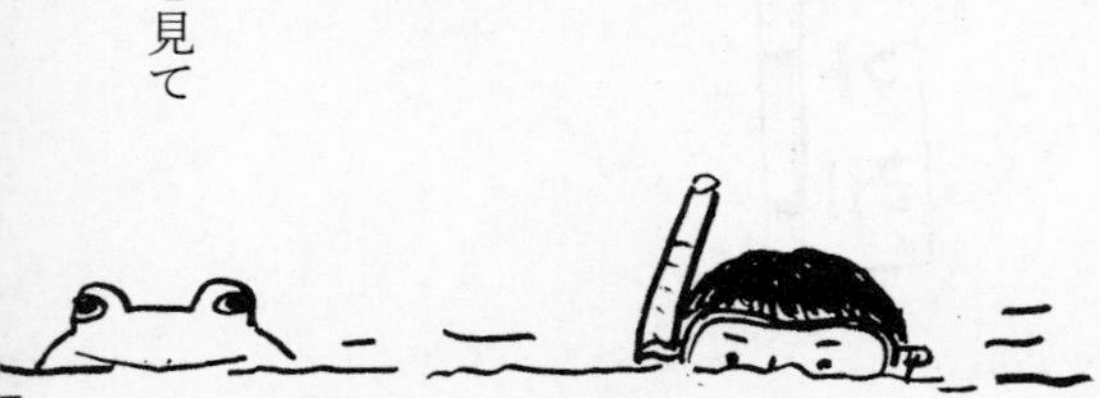

「そんな怖いこと、小心者のあたしには絶対できない……」

とつぶやいていたのが彼女だった。

「なんで眼科のお医者さんになったの？」

「眼はほら、二センチの世界じゃん。

それならどうにか理解できるかなって。

小心者には、内科とかもう領域が広すぎて無理」

彼女のクリニックはいつも混んでいる。

いいお医者さんなんだなぁ。

あのね、ちゃんと謝ったり準備したりできる人のこと、

「小心者」って言わないからね。

起業家

ずいぶん前に二回会っただけのご縁だけど、
その人がさらっと口にしたフレーズを
わたしは忘れることができない。
「人生、死ぬまで暫定だから」
波乱万丈の起業家は泡を立ててビールを注ぎながら、
本当にさらっとそう言ったのだ。
「勝負あった、かのように見えても、あくまでそれは暫定順位。
生きてるあいだは、順位は確定しないの」
機嫌よくビールを干して、手酌で注ぎ足す。
「人生、死ぬまで暫定」をわたしは折に触れて反芻する。
若くして脚光を浴びても、

たとえ億万長者になっても、
そこで人生は終わらない。
逆に、コテンパンに打ちのめされても。
それで終われたらいっそラクなんだけど、
やっぱり人生は続いていく。

去年、その人の訃報が新聞に載った。
あぁ、順位、確定したんですね。
おつかれさまでした。

昆虫学者

カブトムシ、死なないでほしいと思うやん。
でも寿命が短いのは生きる力が強いってことやねん。
短く生きて、次々と世代交代していけば、
環境への適応力が高まる。
一匹のカブトムシだけ考えると
「死んじゃってかわいそう」って
思うかもしれんけど、
「カブトムシたち」って考えてみればどうや？
カブトムシたちは、もしかしたら人間よりよっぽど
強く生きてるかもわからんやん。

夏休みの子どもを集めて、昆虫の先生はそんな話をした。

わたしはその横で、これまでに見送った金魚たち、
ハムスターたち、亀たち、
インコたち、犬たち、猫たちの
すごさを思っていた。
そうか、寿命が短いのは
生きる力が強いってことなのか。
カタツムリの歩みはのろいなぁって思うやろ。
でもカタツムリがのろいんじゃなくて、
人間が速いねん！
とにかく人間の基準で考えたらあかんな、
みんなそれぞれの時間で生きとるんやから。

ども、カゲロウです。
寿命は24時間もないっす。
食事してるヒマないから、口もない。
もちろん いい人生ですよ、ええ。

写真家

駅からスタジアムへ続く人の群れのなかに、
コッテコテな学ランを着た人がいた。
応援団長だろうか、ちょっとオラついている。
わー、近くでじっくり観察したい。
写真撮りたい。
そう思ったけど、勇気がなくて、
声をかけることができなかった。
もう十五年以上前のはなしだ。
後ろ姿にこっそりシャッターを押したけど
そんなことをしても、なんの意味もなかった。

「盗み撮りなんかしても、なんの意味もない」
と写真家は言った。
「だって写真には、
撮ってる人と撮られてる人の
関係が写るんだから」
そういうことだ。
ビビっている者のカメラには何も映らない。
「器用にやろうとしちゃだめなのよ」
写真家はうれしそうに言って、
暮れ切らぬ坂をすたすたと降りていく。

獣医学者

その学者は家畜の解剖についてクールに語った。
「敵国の戦闘機を解体するのと同じですよ。
解剖すれば、どこに重点を置いてつくられたのかがわかる」

おとなしいオオカミを掛け合わせていったら
ニンゲンの言うことを聞くイヌが生まれた。
イノシシを多産にしたらブタになった。
ノウマを力持ちに改良したらウマができた。
近代以降はもう、なにはともあれ、生産性の追求だ。
ブロイラーは生まれて五十五日で屠《ほふ》られる。
五月生まれのミンクには餌をどんどんやって

クリスマスプレゼントに間に合わせる。

鮮やかに家畜の歴史を解説してみせたあと、

「ぼくが幸せになるのは……ふふふ……」

突如、その表情がふわっと丸くなった。

「ベトナムにねぇ、ヨチヨチ歩きで卵を産むのが下手なへんてこなニワトリがいるんですよ。

イタリアの農村には、育つのに時間がかかる馬鹿でっかいウシがいましてねぇ。

生産性をまったく無視して、

そういう家畜を飼っている人を見ると

ぼくは本当に幸せな気持ちになる」

障害者ヘルパー

人との距離が近づいていくときの
温かい気持ちを多くの人が知っているだろう。
相手が笑ってくれるのがうれしい。
自分も捨てたもんじゃないぜと思う。
生きている実感がキラキラと降り注ぐ。
ああだけど、近づけば近づくほど、かならず!
違和感がにじみ出てくる。
「友だちや家族だって合わないことあるんだから、
障害者と介助者なんて、そりゃあもう」
その人は、なぜかうれしそうに言った。

トラブルを回避するには、どうしたらいいんだろう?
ちょっと距離を置いてみる?
だれかに相談する?

障害者に関わる仕事を四十年以上やってきた
その人の肝の据わり方は別格だった。
「トラブルこそ大事なの。
人と人とがつきあっていくには、
トラブルが起きてやっと本当のことがわかる。
トラブルが起きないと
いいことも悪いことも表面化しないでしょ」
はー……、にんげんの達人……。

川柳作家

川柳作家の第一声はこうだった。

「川柳はこういうもの、って一般化したらあかんのが川柳なの」

その明るい声を聞いたとき、わたしは「わー、川柳っていいもんだなー」と思ったのだ、それがどういうものかさっぱり理解できないまま。

「川柳は笑わせてナンボという人もいるけど、そんな狭いところにおしこまんといてほしいわ。笑った後に泣く川柳もあるし。倫理や道徳は関係なくて、とにかく俗っぽいの」

聖なるものにはそうそうバリエーションがないが、俗っぽいものはひゃくまん通りの俗っぽさがある。

「その洗練されていないところがほんまに好き」

その人の作品に

アフリカの王ならくよくよはしない

というのがあって、なんだか気になる。
「ほんまに無責任よね。
こんなこと言って、自分を、他人を、
慰めているつもりなんよね」
ふはは、無責任さで人を慰める、
それも川柳なのか。

大使館職員

その国はかつて、他国に侵攻した歴史を持つ。
「だから私の国の旗を見て、
いやな気持ちになる人がいるんじゃないかと。
長い間それを気にしていました。
たとえばサッカーの国際試合なんかでも、
国旗を振ることにためらいがありました」
まさか大使館の人から
そんな告白を聞くとは思っていなかったので、
わたしは一瞬、コーヒーをこぼしそうになった。
「まあ最近はね、ワールドカップで勝てば、
国旗を振り回して

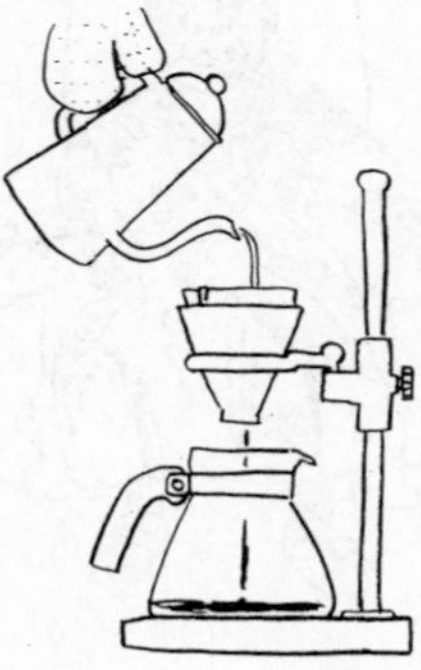

車のクラクションを鳴らしてよろこぶ人もいます。
戦争からだいぶ時間が経って、
そういうことをしても許される国になった。うれしいことです」
白いコーヒーカップの中で液体が鎮まる。
大事なことを聞いた、と思った。

「子どもの頃、クラスのみんなで戦跡を訪ねました。
私たちの国がいかにひどいことをしたのかを学ぶためにね。
自分の子どももいつか必ず、あの場所に連れていくつもりです」

能楽ライター

途中で眠くなったらどうしよう。

というわたしの危惧を先回りして、その人は言った。

「見ながらウトウトしてもいいんですよ」

えっ。

「お能を見ていると、心の奥深いところに隠れている感情がふわーっと浮かんでくるんです。それがお能のすごいところ」

舞台のつくり、鼓や笛の調べ、装束と面《おもて》……すべてが幻想的で、見ている者は別世界に連れていかれる。

感情のトリップだ。

「だから眠くなったり泣きたくなったりしていいんです」

そうだったのか。

お能に惹かれる人の気持ちが少しわかった気がする。

ふっと、あの世が近くなる。
死者の霊とか鬼とか、あっちの人がよく出てくるからかもしれない。
「そうそう、私もお能を見ながら
よく亡くなったおばあちゃんのことを思い出します」
その人はうなずいて、はにかんで付け加えた。
「あと、むかし飼っていた猫のことも」

盲導犬訓練士

子どものころ、リンダという犬と暮らしていた。
リンダには「盲導犬になれなかった」過去があった。
一歳で盲導犬訓練所に入ったが、
二年たっても盲導犬になれず退所。
その後の長い余生をうちの庭でだらだらと過ごした。
おっとりと優しい犬だった。

知り合った盲導犬訓練士さんにこの話をしたら、
「いいんですよ。犬は、その犬らしく、
楽しく生きることがいちばん大事ですから」
と間髪入れずに言った。
「そのうえで、持って生まれた性質……

人懐こいとか、繊細だとか、
体力があるとかを活かして、
誰かの役に立てたらすばらしいし、
その犬自身もうれしくなります」
訓練士さんの足元に、
黒くて大きな盲導犬が伏せている。
寝てるふりをして、
たぶん耳だけ
わたしたちの会話を聞いている。
「盲導犬になれたら偉いとか、
なれなかったら落ちこぼれとか、
そういうことは一切ありません。
その犬らしく生きること以上に大事なことはない」

料理カメラマン

そのカメラマンは、物静かだ。
まわりがはしゃいでも、焦っても、疲れても、
ひとり黙々と仕事をこなす。

取材の日は、飲食店を何軒もまわる。
撮影が済んだら、当然お店の人が言う。
「よかったら食べて行ってください」
それは喜びであり、苦しみ。
一軒目は「やったー。いただきまーす！」だけど
三軒目、四軒目は「お腹いっぱ……」となり
五軒目ともなれば「うう」と口ごもってしまう。
しかしその人は何軒目であっても態度を変えない。

いつもカメラをしまいながら静かに言う、
「せっかくやから」と。
そして、せっかくの機会を
機嫌よく味わうのだ。

撮影二日目、気づいたら
「せっかくやから」が
みんなの合言葉になっていた。

「このあと一杯行きますか」「せっかくやから」

「川沿いの道を歩いて行こうか」「せっかくやから」

「めずらしいウイスキーがあるよ」「せっかくやから」

口々に言って、笑って、どんどん楽しくなる。

せっかくやから精神、尊い。

単行本あとがき

もう何年も前になるが、羽田空港のバス乗り場ですばらしい兄ちゃんを見た。

夕暮れ時だった。

バスは分刻みで、渋谷、新宿、北千住、八王子、千葉、埼玉、軽井沢……と、ありとあらゆる方面に出ている。乗り場はごった返している。自動販売機でチケットを買って行儀よく並んでいる人もいれば、発車時刻ギリギリに走ってくる人もおり、大きな荷物を預けたい人もいれば、無理矢理にでも車内に持ち込みたがる人もいる。そして、自分がどのバスに乗ればいいのかわからない迷子たち、ウロウロ。

兄ちゃんは空港に雇われているのか、バス会社の人なのかわからないが、制服を着てバス乗り場にいた。おそらく二十代、もっさりした体型で、あごに剃り残しの鬚《ひげ》が二、三本貼りついているような、冴えない風采だった。だが外見のもっさり感にはまったく似合わず、乗客ひとりひとりの状況と要望を瞬時に察し、右に左に、ものすごいスピードでさばいていた。

「お客さん、チケット持ってます？　ない？　じゃ、もう、時間ないから中で運転手さんに払って！」

「その大きさの荷物は持ち込めません！　うん、ダメダメ。ほかのお客さんの迷惑になるからね」

「ハイ、そっちのお客さんは、三番のバス停！　あと五分あるから、ゆっくり行っても間に合いますよ」

丁寧さと勢いのバランスがとれた口調。運行スケジュールは死守する、そして乗客にもルールをきちんと守らせる、という原則に立ちながらも、自らの裁量で臨機応変に処理していく。その鮮やかな差配ぶりに、しばし見とれてしまった。ああ、思い出すだにすばらしい。わたしが大企業のCEOだったら、あの場で兄ちゃんをヘッドハンティングしていただろう!

自分の持ち場を丁寧に照らしている達人に会うと、うっとりする。腹立たしいこと、嘆かわしいことの多いこの世界だけど、捨てたもんじゃないぜという気持ちになる。

本書におさめた八十八の断片は、そのささやかな記録である。テレビ番組や雑誌の取材でお会いした達人の忘れがたい風景もあれば、身のまわりの知人から採取したひとことが残しておきたくて、書き留めたものもある。

十代の頃、スタッズ・ターケルの『仕事!』という本が大好きだった。百を超すさまざまな仕事人のインタビューで構成されているその本を繰り返し読んで、世界はわたしが思っている以上に広いみたいだ、いろんな人がいるのだとワクワクした。あの大著に比べれば、ずいぶんのほほんとした本だけれど、あの頃の自分のように、フムフム、ニヤニヤ、ワクワクを感じてくださる人がいればとてもうれしい。

最後に、この本のために力を貸してくださった達人たちに心からのお礼を申し上げます。「おいらの会社は金がねえ」と酔いつつも三十五年にわたって骨太な本を出し続けている藤巻修一さん、「消去法でこの職業を選んだ」なんて照れ隠しを言いながら、つまりは書籍編集の仕事が好きで好きでたまらない晴山生菜さん、「まずお客さんをひとり決めて、その人を喜ばせる本にしましょう」というところから掘り起こしてブックデザインをしてくれた似鳥裕子さん。ありがとうございました。あ、加えて、雨の日にイラストレーションを発送するときはいつも、濡れないように丁寧に梱包し直してくれる近所の宅急便屋のお兄さんにも感謝(本ができたらあのお兄さんにも読んでもらおう)。

金井真紀

二〇一五年 春らんまん

文庫版あとがき

「お姉ちゃんは頭がよくて、かけっこも速くて、友だちがたくさんいて、すごいところがいっぱいあります。でもわたしは全然だめ。なんでこんなに違うんですか？」

という問いが小学五年生の女の子から寄せられたのは、二〇二一年の晩秋のこと。ラジオの「こども電話相談」コーナーの回答者を引き受けたら、この超難問が飛んできたのだ。

相談内容は、収録の一週間前にディレクターを介して伝えられる。一応の回答を用意したうえで、本番では当の小学生と電話をつないでやりとりするという段取りだ。

「なんて答えたらいいんだろう……」

本番前の一週間、わたしは悩んだ。

小学校五年生のさくらさん（仮名）の気持ちは痛いほどわかる。わたしだって十代の頃は劣等感にまみれて暮らしていた。周りの人と比べて、自分には「すごいところ」がひとつもなかった。「人と比べても意味がない」なんて説教は、当時のわたしにはまったく響かなかった。いや、今だって。「どうせわたしなんて」といじける気持ちを、なだめなだめ生きている。

その場を丸く収めるコメントを考えるんじゃなくて、本音で立ち向かわなければ。わたしはさまざまな回答パターンを検討した。

「頭がいいこととおもしろい人生はまったく別です」

「友だちなんて、たくさんいればいいってもんじゃない」

「かけっこが速いと言ったって、中学に行ったらもっと速い子がいるし、高校に行ったらさらに上がいる。最終的にはオリンピックの金メダリスト以外みんな敗者なのだ」

うーん、どうも後ろ向きだ。ラジオを聴いている人の中には、友だちがたくさんいることを心の拠り所にしている人や、勉強やかけっこの練習をがんばっている人もいるかもしれない。それをディスってどうする。

「お姉ちゃんのすごさを素直に称えられる、そんなさくらさんがすごい!」

というのはどうだろうか。悪くない。身近な人のいいところを素直にいいねと言うことは、簡単なようでむずかしい。わたしも軽やかに他者を称える人間になりたい。でも、この回答はどこか取ってつけた感が否めない。さくらさんのすごさはお姉ちゃんがいて初めて成立するのか。そうじゃないだろう。むー、もっと本質的な答え方はできないものか。

わたしは煮詰まって、自分の部屋の本棚を眺めた。

で、ここから本稿は自画自賛の森へ入っていくのである。

なぜかそのとき、わたしは自著『世界はフムフムで満ちている』を手に取った。寝転がって（この本は寝転がって読むのにふさわしい）、パラパラと何ページか読んで、あぁそうか！　と閃いた。わたしがさくらさんに伝えたいのは、ラジオをたまたま聞いてくれた人に伝えたいのは、こういうことだ、と。

迎えたラジオの収録日。わたしはさくらさんの話を改めて聞き取り、いくつかのやりとりをした上で、用意してきた答えを口にした。

「どんな人にもすごいところがある、とわたしは思います。ただ、すごさには、わかりやすいすごさとわかりにくいすごさがある」

さくらさんは電話の向こうで、黙っている。

「わかりやすいすごさはテストの点がいいとか、かけっこで一番だとか、ピアノが上手とか、そういうことです。わかりにくいすごさっていうのは、とくにおもしろいことを言うわけでもないのに、その人がいるだけでなんだか楽しい、みたいなすごさです。机やカバンの中がごちゃごちゃしてない人もすごい。あと『ないしょだよ』って約束をちゃんと守る人とか」

「……」

「さくらさんのお姉ちゃんみたいなわかりやすいすごさも、もちろんすごい。だけど一見わかりにくいすごさを持っている人が、この世界をとてもいい世界にしているとわたしは思います」

「……（小声で）はい」

「わかりにくいすごさを見つけるのは楽しい。だから、さくらさんもぜひ自分や周りの人のわかりにくいすごさを探してみてください」

途中からもう、自分自身に言い聞かせていた。人を羨ましがるばかりで、自分には得意なことがひとつもないと縮こまっていた十代の頃の自分に。軽やかに他者を称える人になりたいのに、すぐにいじける現在の自分に。

さくらさんは最後まで小声で「はい」と言うばかりだった。うまく伝わったのかどうかわからない。でも、ラジオ局を出て街路樹の落ち葉を踏みしめながら、わたしは自己満足に浸っていた。あー、いいこと聞いた。言ったの自分だけど。ふっ。

いつか本が書けたらいいなぁ。

という夢はふわふわと届かないところにあり続けた。出版社に勤めている先輩に「二十代のうちに本を出しなさいよ」と言われて、「よーし」と思ったこともあった。二十代はあっけなく過ぎて、先輩は「三十代のうちに」と言い直してくれたけど、その三十代も瞬く間に終わった。初めての著書『世界はフムフムで満ちている』が世に出たとき、わたしはとっくに四十代になっていた。何をするにも時間がかかり、もたもたと生きている。ともあれ、この小さな本こそ、「文筆家・イラストレーター」になったはじめの一歩、記念の一冊だ。

このたび文庫化の機会を得て、うれしくて踊っている。十二人分の増補原稿を加えて、達人は百人になった。わかりやすいすごさと、わかりにくいすごさが絡み合って、この世はフムフムで満ちている。

二〇二二年　おたまじゃくしの頃

金井真紀

解説

「フラットに注がれる視線と〝フムフム力〟」

金野典彦

当店は神奈川県の大船駅から徒歩六分、広さ約十坪の個人営業の小さな本屋である。店主のひねくれた（？）性格ゆえ、ベストセラー中心の品揃えとは一線を画していることもあってか、お客さんは多いとは言えず、青息吐息の中で何とか店を回している。

そんな当店でも、稀に店と本とがぴったり合って売れる本がある。この『世界はフムフムで満ちている 達人観察図鑑』は、当店のオープンがこの本の単行本発売から三年以上経過後にもかかわらず、気が付けば六十冊以上を売り上げている、当店にとって奇跡のような本なのである。

きっかけは、とあるお客さんとのやりとりだった。ある日、ご来店のお客さんから、中学生のお子様に元気がなく学校にあまり行けていないので、気軽に読めて元気が出るような本があれば読ませてみたい、とのご相談を受けた。

それを受けて棚を見渡したときにふと目についたのが、当初は棚に一冊差しておいただけの、この金井真紀さんの『世界はフムフムで満ちている 達人観察図鑑』だった。見開き二ページ完結でイラストもあり、余白が大きく活字も少なく、どこから読んでも構わない。これなら読みやすく気軽に手に取れていいのでは、と手渡してみた。

するとそれを見たお客さんの顔が、一瞬ふわっと明るくなった。「あ、これいいかも」という感じで、めでたくその「フムフム」は、お客さんの手に渡ったのであった。

その後に似たご依頼を受けたときにもこの本を勧めたところ、すんなりご購入頂き……ということが続き、いつしかこの本は棚差し一冊から平積みとなり、以来今に至るまでコンスタントに売れ続け、当店の性格を象徴するような本となった。今でも忘れられない、あのお客さんの「ふわっと明るくなった顔」が、この本の可能性に気付かせてくれた。

本書は、膨大な時間を掛けて丁寧にひとりひとりの「達人」の話を聞いた中から、金井さんの好奇心が「面白い!」と反応した、その人のエッセンスがギュッと凝縮された、何とも贅沢な本と言える。長時間のインタビューからはこぼれ落ちてしまいそうな、捨てるにはあまりにもったいない魅力たっぷりの話を掬い取って煮詰めた、濃厚なダシのような本がこの「フムフム」なのだ。

金井さんは、テレビの制作会社で構成作家やリサーチャーの仕事をされていた方だ。本作には、単行本で八十八（今回の文庫版は十二プラスされて百）のエピソードがあるが、当時のインタビューによるものが多く含まれているという。

その時代から相当鍛えたのであろう、金井さんは人の話を聞く達人である。相手に対する敬意と半端ない好奇心が、相手の心を開かせて、その人ならではの話をスッと聞き出してしまう。おそらく相手にしてみれば、「フムフム」と相槌を打ちながら金井さんがしっかりと話を聞いてくれるものだから、話しているうちに気分が良くなり気を許し、気が付いたら話そうと思っていなかったことまでも喋っていたのではと想像する。金井さんの〝フムフム力〟、恐るべし。

金井さんは、「私は特に専門を持たない」と謙遜して言うが、確かに著書ラインナップを見ると、『パリのすてきなおじさん』（二〇一七年／柏書房）、『マル農のひと』（二〇二〇年／左右社）、『世界のおすもうさん』（二〇二一年／和田静香さんと共著／岩波書店）、『戦争とバスタオル』（二〇二一年／安田浩一さんと共著／亜紀書房）など、取材対象やジャンルは様々。でもどれにも言葉×イラストによる、他ならぬ金井さんならではの世界が描かれている。未読の方はぜひ他の著作も読んで、人の話を聞き出す金井さんの〝フムフム力〟を堪能して欲しい。

「自分の持ち場を丁寧に照らしている達人に会うと、うっとりする。腹立たしいこと、嘆かわしいことの多いこの世界だけど、捨てたもんじゃないぜという気持ちになる。」（本文「あとがき」より）

――金井さんは、どんな職業でもそれに真摯に取り組んでいる人は、そこに光るものを必ず見いだせる「達人」と捉えている。そこに職業による貴賤は一切なく、誰に対してもフラットに接しているのが見て取れるのが気持ちいい。ただ、理不尽な権力に対しては厳しく、行動も起こす。『戦争とバスタオル』では温泉・共同浴場から戦争の傷跡をたどり、戦争がいかに市井の人を巻き込み不幸にしているかを描き、入管法改悪反対運動には、猫のイラストのプラカードを自作して座り込みに参加する。

金井さんに、今回なぜこの解説を一介の街の本屋の店主に過ぎない私に依頼されたのかを聞くと、「あれは街場の仕事の断片を集めた本だから、〝街の達人〟がいいな、と思ったんです。」と返ってきた。私自身は「達人」でも何でもないが、私のような者にも、金井さんはフラットな視線で「達人」の要素を見いだしてくれるのだ。

当店のある大船という街は、横浜市と鎌倉市の境目にあり、両市の中心からいちばん離れた「辺境」にある。交通の要所で人の往来は多いが、「中心」的なものやヒエラルヒーにつながるものを感じない。主要産業は(たぶん)市場と飲み屋さんという日常生活に根差す庶民的な街で、この街もまた人に対して「フラット」なのだ。

その街で、当店は〝風通しのいい〟本屋を謳い、誰でも生きやすい〝風通しのいい〟世の中を目指し、ヘイトは勿論、差別や分断を煽ったり支配構造に繋がるような本は置かず、人種、出自、信教、性別、年齢、障害の有無など一切問わず誰でも歓迎の旨を掲げ営業している。

この「フムフム」が当店に嵌まったのも、当店の考え方と、大船の街の気風と、誰に対しても「フラット」な視線を注ぐ金井さんの好奇心とが、ひとりのお客様の反応を機にここで幸せな邂逅を果たしたからと言えるのかもしれない。

ネット社会で、世界が狭く感じられるようになってきた一方、戦争は起こり、差別や分断が広まり、世界はどんどん生きづらい場になってゆく。

でも本当は、情報量が増え変化のスピードが増しただけで、世界は変わらず広く多様で面白い。金井さんの初めての著作であるこの「フムフム」が、文庫化を機に、世界の様々な街の本屋で、手に取った更に多くの方の顔を「ふわっと明るく」することを期待している。

こんの・のりひこ　ポルベニールブックストア〔鎌倉市大船〕店主

本書は二〇一五年五月九日に皓星社から刊行されたものに、文庫版増補一二編を加えたものです。

本文デザイン・似鳥裕子

ちくま文庫

世界《せかい》はフムフムで満《み》ちている
——達人《たつじん》観察《かんさつ》図《ず》鑑《かん》

二〇二二年 六 月 十 日 第一刷発行
二〇二四年 七 月二十日 第三刷発行

著 者 金井真紀（かない・まき）
発行者 増田健史
発行所 株式会社 筑摩書房
東京都台東区蔵前二―五―三 〒一一一―八七五五
電話番号 〇三―五六八七―二六〇一（代表）
装幀者 安野光雅
印刷所 TOPPANクロレ株式会社
製本所 加藤製本株式会社

ISBN978-4-480-43826-3 C0195